Steffen Raßloff

GESCHICHTE DER STADT
WEIMAR

SUTTON GESCHICHTE

Über den Autor

Dr. Steffen Raßloff (Jg. 1968) wirkt als Historiker in Erfurt. Er ist Mitglied der Historischen Kommission für Thüringen und hat zahlreiche Publikationen zur Landesgeschichte veröffentlicht, darunter Standardwerke wie die „Geschichte der Stadt Erfurt" (2012), „Geschichte Thüringens" (2010) und „Mitteldeutsche Geschichte. Sachsen – Sachsen-Anhalt – Thüringen" (2016). Hierfür wurde er mehrfach mit Preisen ausgezeichnet. Raßloff war zugleich als Kurator an vielen Ausstellungs- und Medienprojekten beteiligt.

Sutton Verlag GmbH
Hochheimer Straße 59
99094 Erfurt
www.suttonverlag.de

ISBN: 978-3-95400-891-9
Druck: CPI books GmbH, Leck

Inhalt

Weimar – Mythos und Geschichte 7

I. Frühgeschichte und Entwicklung zur Stadt 11
II. Im Brennpunkt der Reformation 29
III. Machtverlust und Kulturgewinn 39
IV. „Goldenes Zeitalter" 49
V. „Silbernes Zeitalter" 69
VI. Aufbruch in die Moderne 97
VII. „Muster-Gauhauptstadt" 111
VIII. DDR-Zeit und Friedliche Revolution 135
IX. Kulturhauptstadt und UNESCO-Welterbe 147

Anhang 160

Das Goethe-Schiller-Denkmal vor dem Deutschen Nationaltheater steht symbolhaft für das Weltkulturerbe Weimar.

Weimar – Mythos und Geschichte

Das beschauliche Weimar mit seinen 65.000 Einwohnern ist eine Kulturstadt von internationaler Ausstrahlung. Die meisten Besucher aus aller Welt zieht es heute nach „Ilm-Athen", um den Spuren der klassischen deutschen Literatur der Goethe-Zeit und des 1919 gegründeten Bauhauses nachzugehen. Nicht ohne Grund stehen deren Erinnerungsstätten auf der UNESCO-Welterbeliste. Das symbolträchtige Doppeldenkmal von Goethe und Schiller vor dem Deutschen Nationaltheater erfreut sich großer Bekanntheit. Jene Mischung aus humanistischem Geist der Weimarer Klassik und „Wiege der Moderne" macht die große Anziehungskraft der Kulturhauptstadt Europas von 1999 aus, in der 1919 von der Deutschen Nationalversammlung die Verfassung der Weimarer Republik erarbeitet wurde.

Der Mythos Weimar wurde teils ganz bewusst von Künstlern, Fürsten und Bürgern mit Unterstützung vieler in- und ausländischer Bewunderer aufgebaut. Hier bildete sich vor dem Nationalstaat von 1871 die Kulturnation mit Weimar als „kultureller Hauptstadt Deutschlands" heraus. Der „Geist von Weimar" wurde aber auch unter nationalistischer Übersteigerung in Frontstellung zur Moderne gebracht. Tiefpunkt war die Instrumentalisierung im Nationalsozialismus. Den Gipfeln deutscher Kultur standen in jener dunklen Zeit die Abgründe menschlicher Barbarei direkt gegenüber. Heute bekennt sich Weimar offen zu jener Janusköpfigkeit. In Nachbarschaft der einstigen „Muster-Gauhauptstadt" des Dritten Reiches, zu der sich Adolf Hitler sehr hingezogen fühlte, befindet sich mit der Gedenkstätte Buchenwald der wichtigste Erinnerungsort an die NS-Gewaltherrschaft in Deutschland.

Weimar ist von seinen Funktionen als Residenzstadt und Verwaltungszentrum geprägt worden. Die wettinischen Herzöge von Sachsen-Weimar-Eisenach legten im 18. Jahrhundert mit ihrer Kulturpolitik den Grundstein für den weltweiten Ruf der Stadt und schufen eine Residenzlandschaft mit Schlössern, Parks, Museen, Bibliotheken, Archiven und Theatern. Im 19. Jahrhundert folgte auf das „Goldene Zeitalter" der Goethe-Zeit ein „Silbernes Zeitalter" mit der intensiven Pflege des klassischen Erbes und dem Wirken Franz Liszts. Der Sog der großherzoglichen Klassikerstadt, in der der Philosoph Friedrich Nietzsche seine letzten Lebensjahre verbrachte, zog immer wieder große Geister an.

Aber bereits seit dem 14. Jahrhundert hatten die Wettiner den vormaligen Sitz der Grafen von Weimar-Orlamünde geprägt. Der Familienzweig der ernestinischen Kurfürsten von Sachsen rückte seine Residenz in den Brennpunkt der Reformation, woran viele Kulturschätze vom Cranach-Altar der Herderkirche bis zur Lutherbibel der Herzogin-Anna-Amalia-Bibliothek erinnern. Martin Luther entwarf hier seine „Zwei-Reiche-Lehre". Nach dem Verlust der Kurwürde 1547 profilierten sich die nun auf Thüringen beschränkten Ernestiner als Wahrer des Luthertums und Kulturmäzene. Lange vor dem „Goldenen Zeitalter" wurde in Weimar 1617 die Fruchtbringende Gesellschaft als bedeutendste deutsche Sprachgesellschaft des Barocks gegründet und wirkte Johann Sebastian Bach als Hoforganist in der „Himmelsburg".

Zeitweise in bis zu zehn Kleinstaaten aufgesplittert, schufen die Ernestiner zusammen mit den Schwarzburgern und Reußen in Thüringen jenes machtpolitisch bedeutungslose, aber kulturell umso glanzvollere „Land der Residenzen". Mit der Novemberrevolution 1918 endeten die Jahrhunderte als Residenz. 1920 rückte Weimar zur Landeshauptstadt des aus sieben Kleinstaaten gebildeten Freistaates Thüringen auf, dem allerdings noch der preußische Regierungsbezirk Erfurt gegenüberstand. Nach 1933 übernahm die NSDAP-Gauhauptstadt Weimar zunehmend die Führungsrolle in ganz Thüringen.

1945 entstand erstmals ein umfassendes Land Thüringen in der SBZ bzw. DDR, dessen Hauptstadtrolle jedoch von Weimar nach Erfurt wechselte. 1952 in die Bezirke Erfurt, Gera und Suhl aufgeteilt, trat Thüringen mit Vollzug der deutschen Einheit am 3. Oktober 1990 als Bundesland (seit 1993 „Freistaat") ins Leben. Bei der Wahl zur Landeshauptstadt musste sich Weimar zwar Erfurt geschlagen geben, erhielt aber mit dem Landesverwaltungsamt die oberste Landesbehörde. Als Kulturhauptstadt und UNESCO-Welterbestätte spielt es ohnehin eine herausgehobene Rolle im Freistaat.

Bei aller Konzentration auf die kulturhistorischen Traditionen und die „große Geschichte" soll die Stadtgeschichte im engeren Sinne aber keineswegs zu kurz kommen. Von der Steinzeit mit ihren international bedeutsamen Funden über den Siedlungsmittelpunkt des Thüringer Königreiches im 5./6. Jahrhundert und die Herausbildung der mittelalterlichen Stadt mit ihrer urkundlichen Ersterwähnung als „Vvigmara" 899 bis hin zur durchgreifenden Modernisierung im „Zeitalter der Extreme" mit seinen beiden Weltkriegen spannt sich der Bogen. Politische, wirtschaftliche und kulturelle Aspekte finden dabei Berücksichtigung.

I. Frühgeschichte und Entwicklung zur Stadt

Weimar ragt aus einer bedeutenden Vorgeschichte Thüringens heraus. Erste Relikte des Menschen gehen bis weit in die Altsteinzeit zurück. Die zahlreichen Funde, zunächst vor allem die namensgebenden Steinwerkzeuge, werfen Schlaglichter auf das Leben unserer ersten Vorfahren. Die wichtigsten sind im 1892 gegründeten Museum für Ur- und Frühgeschichte Thüringens in der Weimarer Humboldtstraße zu sehen, wo auch das Archäologische Landesamt angesiedelt ist. Weimar bildet damit das Zentrum der Landesarchäologie. Deren Museum hat sich zu einem professionellen und anschaulichen Vermittlungsort von der Steinzeit bis zum Mittelalter entwickelt. Die Anfänge der wissenschaftlichen Archäologie gehen freilich bis in das klassische Zeitalter zurück

Das Museum für Ur- und Frühgeschichte Thüringens mit dem Archäologischen Landesamt ist das Zentrum der thüringischen Landesarchäologie.

und sind eng mit Goethe und dessen Schwager Christian August Vulpius verbunden.

Die außergewöhnlichen Funde aus der Altsteinzeit in und um Weimar gehören zu den Höhepunkten der internationalen Archäologie.

Der älteste Fundort findet sich nahe Bilzingsleben mit den frühesten Spuren der Gattung Homo erectus in Mitteleuropa. Unter einer Travertinschicht hat man dort Überreste einer Gruppe von altsteinzeitlichen Jägern und Sammlern von vor etwa 350.000 Jahren zutage gefördert. Von ihnen weiß man, dass sie am Rande eines Sees einen Lagerplatz mit Behausungen und Feuerstellen unterhielten, Werkzeuge, Jagdwaffen und andere Geräte aus Stein, Holz, Knochen und Geweih herstellten, Früchte und Pflanzen sammelten sowie gemeinsam Jagd auf Waldnashörner, Biber, Hirsche, Waldelefanten und Bären machten. Die rund 50 Kilometer nördlich von Weimar gelegene Ausgrabungsstätte ist vor Ort für Besucher erschlossen worden, ihre Rekonstruktion gehört zu den Höhepunkten im Weimarer Museum.

Der auf den Urmenschen folgende Altmensch hat in und um Weimar außergewöhnlich breite Spuren hinterlassen. Die seit den 1870er-Jahren gemachten Funde in Travertin-Steinbrüchen nahe der Ilm südlich des damaligen Stadtgebietes haben den Ruf Weimars in der archäologischen Fachwelt wesentlich mitbegründet. Bei Ehringsdorf ergrabene Skelettreste und Steinwerkzeuge gehen auf die Zeit vor etwa 240.000 Jahren zurück, weitere wichtige Fundstellen aus der Zeit um 100.000 v. Chr. liegen bei Taubach und Weimar-Belvedere. Sie lassen ebenfalls Rückschlüsse auf Lagerplätze umherziehender Menschen zu, an denen erjagte Tiere, etwa Wollelefanten und Wollnashörner, an Lagerfeuern zubereitet wurden.

Auch für die späte Altsteinzeit findet sich besonders am Rand der Ilm-Hochebenen und am Ettersberg eine Reihe von Funden. Sie verweisen auf den den Neandertaler verdrängenden Jetztmenschen vor etwa 30.000 Jahren, der sich bereits effektiv der Umwelt anpasste und kulturell von seinen Vorgängern abhob. Die Jagd trat in jener letzten großen Kaltzeit in den Vordergrund, wie die Wildpferdjäger unter anderem im nahen Saaletal zeigen. Der Mensch folgte den großen Tierherden, lebte in mobilen Zeltsiedlungen oder zum Schutz vor widriger Witterung in Höhlen und unter Felsdächern.

Mit der „neolithischen Revolution“ um 5500 v. Chr. setzte die dauerhafte Besiedlung des Raumes Weimar durch Ackerbauern und Viehzüchter ein.

Der menschheitsgeschichtlich entscheidende Schritt vom Jäger und Sammler zum Ackerbauern und Viehzüchter vollzog sich in der Jungsteinzeit (Neolithikum). Eine wichtige klimatische Voraussetzung war der Übergang vom Eiszeitalter zur heutigen Warmzeit seit etwa 10.000 Jahren. Die „neolithische Revolution“ begann im 9. Jahrtausend v. Chr. in Kleinasien. Um 5500 v. Chr. tauchten die ersten sesshaften Bauern in Thüringen auf, besonders im fruchtbaren Thüringer Becken, in dessen Südosten Weimar liegt. Auf den Randflächen entlang der Ilmaue mit ihren zulaufenden kleineren Bächen (Asbach, Lotte, Kirschbach, Wilder Graben, Papierbach, Leutra) und am Hang des Ettersberges lässt sich fortan eine fast durchgehende Besiedlung nachweisen.

Die jungsteinzeitlichen Funde zeugen von differenzierten sozialen Verhältnissen, Fortschritten in Kultur und Technik sowie religiösen Vorstellungen. Symbol dieser Epoche ist das 2005 rekonstruierte Sonnenobservatorium im nahen Goseck (etwa 4800 v. Chr.) bei Naumburg, eine Kreisgrabenanlage mit Palisaden, die vermutlich als Versammlungs-, Handels-, Kult- und Gerichtsplatz diente. Wichtige Aufschlüsse geben auch die in und um Weimar zahlreichen Gräber mit reichen Beigaben. Die Kulturen der Jungsteinzeit unterteilt man nach ihren Keramikgefäßen, die ebenfalls einen zentralen zivilisatorischen Fortschritt darstellen.

Die Bronze- und Eisenzeit brachten einen weiteren zivilisatorischen Fortschritt.

Die Bronzezeit seit Beginn des 2. Jahrtausends v. Chr. bildet einen weiteren Entwicklungsschub. Aus Kupfer gewann man durch die Legierung mit Zinn das härtere Metall Bronze. Damit wurde die Effektivität von Werkzeugen und Waffen erhöht. Zugleich beschleunigten sich die kulturelle Entwicklung und soziale Differenzierung. Eindrucksvolles Zeugnis hierfür ist der auf 1940 v. Chr. Datierte, große Grabhügel bei Leubingen, 40 Kilometer nördlich von Weimar. Reich mit Beigaben aus Bronze und Gold versehen, ruhte hier möglicherweise ein Fürst, der über große Teile des Thüringer Beckens herrschte.

Von der fortgeschrittenen Kultur zeugt vor allem die 1999 entdeckte, bronzene „Himmelsscheibe von Nebra", einer der spektakulärsten Funde der Archäologiegeschichte. Die älteste konkrete Himmelsdarstellung wurde etwa 1600 v. Chr. auf einem Berg nahe der Stadt Nebra vergraben, 50 Kilometer nördlich von Weimar. Der größte Grabhügel um Weimar mit bronzezeitlichen Funden könnte der Bärenhügel bei Wohlsborn sein. Viele Fundplätze enthielten jetzt auch in großer Zahl kunstvolle Fibeln, die als Gewandspangen dienten.

Die letzte der drei großen ur- und frühgeschichtlichen Epochen war die Eisenzeit von etwa 800 v. Chr. bis zur Zeitenwende. Als Träger treten jetzt erstmals bei antiken Autoren zwei „barbarische" Volksstämme auf, die Kelten und Germanen. Sie haben zeitweise gemeinsam in Thüringen gelebt, wobei die Abgrenzung angesichts des engen Kulturkontaktes schwerfällt. Den Kelten zugeordnet wird vor allem der Süden zwischen Werra, Saale und Orla. Die Steinsburg auf dem Kleinen Gleichberg bei Römhild, eine befestigte keltische Höhensiedlung, gilt dabei als das größte Bodendenkmal Thüringens. Auch im Raum Weimar konnten an Dutzenden Fundorten aussagekräftige Relikte jener Epoche geborgen werden.

Sie belegen zudem den europaweiten Handel, besonders mit dem großen keltischen Kulturraum, an dessen Nordgrenze zu den Germanen sich Thüringen befand. Dies machte Thüringen zu einem zentralen Austauschraum, worauf auch keltische Funde im Raum Weimar hindeuten. Mit dem Vordringen elbgermanischer Stämme und dem Verschwinden der Kelten im letzten Jahrhundert v. Chr. setzten jene Prozesse ein, die zur Herausbildung des Stammes der Thüringer führten.

Weimar war eines der Zentren des mächtigen Königreiches der Thüringer im 5./6. Jahrhundert.

Mit dem Vordringen von Elbgermanen gehörte Thüringen fortan zum germanischen Siedlungsraum. Die ersten namentlich bekannten Bewohner könnten die Hermunduren gewesen sein. Im Raum Weimar weisen über 30 Fundstellen unter anderem mit Waffen, Schmuck und weiteren wertvollen Grabbeigaben auf eine ausgeprägte Kultur und rege Kontakte zum Römischen Reich hin. Diese Fundhäufung in den ersten Jahrhunderten n. Chr. spricht bereits für einen germanischen Siedlungsschwerpunkt an der Ilm.

Mit der Völkerwanderungszeit ab 375 n. Chr. setzte dann die Entstehung des Stammes der Thüringer ein. 395 werden die „Toringi“ beim römischen Autor Vegetius Renatus erstmals erwähnt und gehören damit zu den ältesten deutschen Stammesverbänden. In der zweiten Hälfte des 5. Jahrhunderts etablierten sie ein mächtiges Königreich. Sein Machtbereich könnte sich über einen kleineren Siedlungskern hinaus zwischen Main, Donau, Elbe und Niederrhein erstreckt haben.

Als wichtiger Faktor des spätantiken Europas waren die Thüringer mit dem Ostgotenreich Theoderichs des Großen verbündet. Dies wurde 507/10 durch die Heirat der Theoderich-Nichte Amalaberga mit König Herminafrid bekräftigt. Von den Ostgoten übernahm auch zumindest die führende Adelsschicht das Christentum und lies damit ihre bisherige germanische Glaubenswelt hinter sich. Dieser Übergang lässt sich durch eine Reihe von Funden im Raum Weimar nachvollziehen, etwa Schmuck mit christlichen Symbolen.

Die Thüringer bildeten bereits eine differenzierte Gesellschaft mit Adel, Freien und Unfreien. Hierauf deuten zahlreiche große, reich ausgestattete Gräberfelder in Weimar hin, allen voran der sogenannte Weimarer Nordfriedhof. Dieser war um 1900 bei der nördlichen Stadterweiterung im Bereich Meyerstraße/Friesstraße ausgegraben worden. Die Adelsschicht pflegte schon in der zweiten Hälfte des 5. Jahrhunderts enge Kontakte zu den verbündeten Ostgoten. Deutlich wird dies etwa anhand des auf vor 489 datierten Frauengrabes von Oßmannstedt bei Weimar. Dieses schreibt man einer ostgotischen Adligen zu, die auch als „Prinzessin von Oßmannstedt" in der Literatur erscheint. Das Grab enthielt prächtige Beigaben, darunter eine goldgefasste Adlerfibel aus roter Zellverglasung.

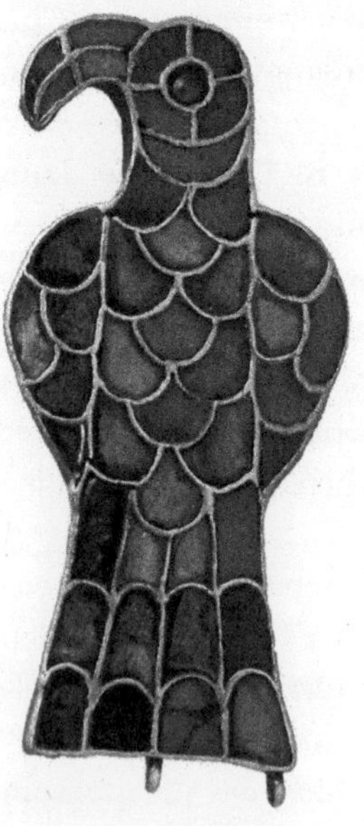

Goldgefasste Adlerfibel aus dem Frauengrab von Oßmannstedt bei Weimar, um 489.

Die bedeutenden Funde aus dem Raum Weimar, Erfurt, Mühlhausen, Mansfeld und Naumburg markieren den Kernraum des Reiches im Thüringer Becken und an der mittleren Saale. Von ihnen lässt sich allerdings nicht ohne Weiteres auf die Herrschaftssitze der Könige schließen, deren Lage nicht überliefert ist. Dennoch beschäftigen sich Archäologie und Landesgeschichte seit Langem mit der Frage, ob Weimar als Königssitz gelten könne. In jedem Fall darf man es als einen politischen und kulturellen Mittelpunkt des Thüringer Reiches einstufen. Sein Kern könnte sich im Bereich des Rollplatzes auf dem Jakobshügel befunden haben, wo eine größere Ansiedlung nachgewiesen wurde. Diese wiederum könnte mit den reich ausgestatteten Adelsgräbern des Nordfriedhofs korrespondieren.

Nach dem Tod Theoderichs 526 brach das ostgotische Bündnissystem rasch zusammen. Die Thüringer unterlagen 531 in einer vernichtenden Schlacht an der Unstrut dem Heer der Franken, 534 fiel ihr König Herminafrid einem Mordanschlag zum Opfer. Die Prinzessin Radegunde wurde ins Frankenreich verschleppt und stieg dort nach ihrer Flucht ins Kloster Poitiers zu einer der populärsten Heiligen auf. Der Untergang des Reiches der Thüringer ist in die germanische Sagenwelt eingegangen und kann als historische Zäsur kaum überschätzt werden. Aus einem germanischen Königreich wurde eine Randprovinz der Franken, der thüringische Siedlungsraum schmolz auf den Kern des heutigen Freistaates zusammen.

Nach dem Untergang des Reiches der Thüringer lag Weimar im östlichen Grenzgebiet des fränkischen Reiches zu den Slawen.

Thüringen wurde nun Bestandteil des fränkischen Reiches der Merowinger-Könige. Unter den Karolingern stieg das Frankenreich zum christlich-abendländischen Weltreich auf. Die Kaiserkrönung Karls des Großen in Rom 800 legte den Grundstein für das spätere deutsche Kaiserreich. Ausdruck der sich allmählich durchsetzenden fränkischen Herrschaft sind neue Burgen und Ansiedlungen auch im Weimarer Umland. Eine typische karolingische Wallburg befand sich etwa auf einem Geländevorsprung im Ilmtal bei Hetschburg.

Die Christianisierung gehörte ebenfalls zur Integration ins Frankenreich. Sie fand nach den Anfängen im Thüringer Königreich mit der Einrichtung eines Bistums für Thüringen 741/42 einen ersten Höhepunkt. Der angelsächsische Missionar Bonifatius legte mit Unterstützung des Papstes und der Karolinger als „Apostel der Deutschen" wichtige Grundlagen für die Kirchenorganisation in Bayern, Hessen, Mainfranken und Thüringen. Das Bistum Erfurt wurde allerdings wenig später wieder dem (Erz-)Bistum Mainz einverleibt, dem damit auch Weimar bis zur Reformationszeit kirchenorganisatorisch angehörte.

Neben der fränkischen Ansiedlung und dem Vordringen von Sachsen aus dem Norden gehören die Slawen zu den Gruppen, die mit den Thüringern zu einer ethnischen Einheit verschmolzen. Nach dem Untergang des Thüringer Königreiches waren die Slawen von Osten her bis zur Saale vorgedrungen und siedelten sich später auch bis Mittelthüringen neben der germanischen Bevölkerung an. Bis ins 10. Jahrhundert behaupteten sie östlich der Saale ihre Unabhängigkeit. Allmählich ging jedoch nach der Integration dieser Gebiete in das Deutsche Reich die slawische Bevölkerung nach langer, offenbar weitgehend friedlicher Nachbarschaft in der thüringischen Mehrheitsbevölkerung auf.

In und um Weimar finden sich viele archäologische Hinweise auf diese gemeinsame Geschichte. Seit dem 7. Jahrhundert wurden Slawen in eigenen Siedlungen besonders südlich des heutigen Stadtgebietes sesshaft. Illustriert wird dies etwa durch die vielen slawischen Keramikfunde in Mellingen sowie große Friedhöfe bei Umpferstedt, Possendorf, Oettern und Taubach. Auch hat man einige aufgegebene Weilerdörfer der Slawen rekonstruieren können, etwa im Rabenwäldchen in Weimar-West. Keramikfunde lassen vermuten, dass dort im 8. und 9. Jahrhundert beide Volksgruppen zusammen siedelten.

Im Stadtgebiet deuten Grabungsfunde etwa im Bereich der Windischenstraße, deren Name an die slawischen Wenden erinnert, auf eine zeitweilige gemeinsame Ansiedlung hin. Den bildhaftesten Ausdruck hat die letztlich überall erfolgte Verschmelzung in Großbrembach nördlich von Weimar gefunden. Ein Relief am Ratskeller von 1579 zeigt einen Deutschen und einen Slawen unter einem Hut, die gemeinsam aus einem Horn trinken. Dies symbolisiert den Zusammenschluss der benachbarten Siedlungen der Deutschen (Bornbrembach) und Slawen (Windischenbrembach).

Unter den ottonischen Kaisern rückte Weimar ins Zentrum des deutschen Reiches und wurde bis ins 14. Jahrhundert durch die Grafen von Weimar-Orlamünde beherrscht.

Mit dem Tod Karls des Großen 814 begann der Zerfall des fränkischen Großreiches, aus dessen West- und Osthälfte Frankreich und Deutschland entstanden. Unter den sächsischen Ottonen (919–1024) gehörte Thüringen zum Kernraum der königlichen Zentralgewalt. Der erste nichtfränkische König Heinrich I. 919 kann als Begründer des Deutschen Reiches angesehen werden. Sein Sohn Otto der Große erneuerte 962 das nunmehr an das ostfränkisch-deutsche Reich gekoppelte römische Kaisertum, das bis 1806 Bestand haben sollte. Zugleich begann Thüringen aus seiner Randlage in das Zentrum des Deutschen Reiches zu rücken. Seit 928 hatten die Deutschen ihre Herrschaft über die Saale hinaus auf die Gebiete bis zu Oder und Neiße ausgeweitet. Die Beseitigung der Gefahr durch das Reiternomadenvolk der Ungarn festigte ebenfalls die Macht der Ottonen. Mit seiner neu aufgestellten Panzerreiterei gelang Heinrich I. 933 ein entscheidender Sieg bei Riade, einem nicht mehr genau lokalisierbaren Ort an der Unstrut unweit von Weimar.

Die Königsnähe Thüringens ging unter den Saliern (1024–1125) mit ihrem Herrschaftsschwerpunkt am Rhein wieder verloren. Die einheimischen Adelsgeschlechter bauten nun ab der zweiten Hälfte des 11. Jahrhunderts ihre Positionen mit Burgen, Grundbesitz, Städtegründungen und Herrschaftsrechten aus. In oft blutigen Auseinandersetzungen rivalisierten die entstehenden Dynastien, wie die Schwarzburger und Reußen, um Besitz und Einflusszonen. Eines dieser mächtigen Geschlechter waren vom 10. bis 14. Jahrhundert die Grafen von Weimar-Orlamünde. Sie sollten die Geschicke der sich in jener Zeit herausbildenden Stadt maßgeblich bestimmen.

Seit Ende des 9. Jahrhunderts saßen die Grafen von Weimar als regionale Herrscher vermutlich am Ort. Jenes adlige Geschlecht benannte sich nach seiner wehrhaften Stammburg an der Ilm, an deren Stelle sich heute das Residenzschloss erhebt. Sowohl 984 die Truppen von König Otto III. als auch 1002 die Ekkehardinger mussten die Belagerung der gräflichen Burg erfolglos aufgeben. 1043 eigneten sich die Grafen die Pfalzgrafschaft in Sachsen und 1046 die Mark Meißen mit dem Osterland an, was mit großem Machtgewinn verbunden war. Um 1071 erscheint erstmals urkundlich ihre Burg Orlamünde, die neben Weimar als Herrschaftszentrum trat. 1112 starben die Grafen von Weimar-Orlamünde aus. Ihr Besitz fiel unter Siegfried von Ballenstedt an das mächtige Geschlecht der Askanier. In der Schlacht am Welfesholz nahe Mansfeld 1115 gegen Kaiser Heinrich V. behauptete auch Siegfrieds Sohn Siegfried II. den Besitz an Ilm und Saale.

1140 übertrug König Konrad III. die Grafschaft an den ebenfalls askanischen Markgrafen und Herzog Albrecht den Bären. Der legendäre Begründer der Mark Brandenburg konnte ein riesiges mittel- und nordostdeutsches Territorium aufbauen. Nach Albrechts Tod 1170 spaltete sich jedoch der Besitz in die Linien der Markgrafen von Brandenburg, Herzöge von Sachsen, Grafen von Anhalt und Grafen von Weimar-Orlamünde auf. Dabei gelang es nur den anhaltinischen Askaniern, sich dauerhaft zu behaupten. Die brandenburgische Linie starb 1320 aus, ihr folgte Weimar-Orlamünde 1372 und schließlich die Herzöge von Sachsen 1422.

Albrechts Sohn Hermann I. nannte sich seit 1140 wie auch seine Nachkommen Graf von (Weimar-)Orlamünde. Durch ständige Teilungen wurde allerdings der gewachsene Besitz in Thüringen und Franken zerstückelt. Zudem standen die Grafen in erbitterter Konkurrenz mit den zur beherrschenden Vormacht aufsteigenden Landgrafen von Thüringen aus dem legendenumwobenen Geschlecht der Ludowinger (1131–1247). So wurde im Winter 1173/74 die Burg Weimar durch Landgraf Ludwig III. zerstört, konnte allerdings rasch wiederaufgebaut werden. Das Erbe der Ludowinger wiederum traten mit großem Erfolg 1247/64 die wettinischen Markgrafen von Meißen an, die schließlich die Weimarer Grafen in die Knie zwingen sollten.

899 kam es zur ersten urkundlichen Erwähnung Weimars unter dem Namen „Vvigmara", der möglicherweise auf ein heidnisches Wasserheiligtum zurückgeht.

Lange galt 975 als das Jahr der urkundlichen Ersterwähnung Weimars. Damals hielt Kaiser Otto II. vermutlich am Sitz der Grafen von Weimar-Orlamünde einen Hoftag ab. Deshalb beging man noch 1975 eine große Tausendjahrfeier, in deren Rahmen auch die bisher einzige umfassende „Geschichte der Stadt Weimar" entstand. Der Kaiser hatte auf einer am 3. Juni 975 für das Kloster Fulda ausgestellten Urkunde „Weimar" erwähnt, wobei allerdings nicht ganz sicher ist, ob mit „Wimares" wirklich die heutige Stadt gemeint ist. Es könnte auch der Ort Wechmar bei Gotha gemeint gewesen sein, der sich besser in den vermuteten Reiseweg Ottos einfügt. Mittlerweile wird zudem eine Urkunde Kaiser Arnulfs von Kärnten aus dem Jahr 899 als erste Erwähnung von „Vvigmara" betrachtet, das damit noch gut ein dreiviertel Jahrhundert weiter zurückdatiert werden kann.

Das Weimarer Stadtwappen geht auf die askanischen Grafen von Weimar-Orlamünde zurück.

Die älteste Namensform hat mehrere Deutungen erfahren. Die häufigste Erklärung geht von einem „Heiligtumsee“ im einst sumpfigen Stadtgebiet aus. Die althochdeutschen oder altsächsischen Wörter *wīh* und *mer, meri* bedeuten so viel wie „Heiligtum“, „Tempel“ und „stehendes Gewässer“, „See“, „Meer“. See-Heiligtümer waren in heidnisch-germanischer Zeit eine typische Form der Götterverehrung. Am bekanntesten ist das Opfermoor von Oberdorla bei Mühlhausen mit Heiligtum und Kultsee. Im Museum für Ur- und Frühgeschichte sind zahlreiche Funde zu sehen, darunter Opfergaben und Idole (Götterfiguren) in Form von geschnitzten Pfählen oder Astgabeln. Diese können germanischen Göttern wie Wodan oder Freyr, aber auch römischen Gottheiten wie der Jagdgöttin Diana zugeordnet werden. Fortan wandelte sich der Stadtname über „Wimares“ (9. Jh.), „in Wimeri“ (10. Jh.), „de Wimari“ (12. Jh.), „Wymar“ (16. Jh.) bis hin zu „Weimar“ (1556).

Das Stadtwappen Weimars verdankt sich den Grafen von Weimar-Orlamünde. In heraldisch korrekter Beschreibung zeigt es „einen rot gezungten, steigenden schwarzen Löwen in einem mit roten Herzen übersäten, goldenen Feld“. Der Löwe war ursprünglich blau und ging auf die dänische Prinzessin Sophia zurück, die Gemahlin Graf Siegfrieds III. Nach dem Übergang der Grafschaft an die Markgrafen von Meißen wurde er im 16. Jahrhundert schwarz. Die Stadt Weimar führte das Wappen ihrer Landesherren, ebenso wie Orlamünde und Magdala, seit dem 14. Jahrhundert auf dem Stadtsiegel. Dabei blieb es mit einer Unterbrechung in der NS-Zeit, als man von 1938 bis 1945 auf Anweisung von Gauleiter Fritz Sauckel ein aus vier Adlerköpfen gebildetes, rotes Hakenkreuz in Goldfassung verwendete. Im Rahmen der Tausendjahrfeier 1975 erhielt das Wappen seine heutige Form.

Ab dem 11. Jahrhundert entwickelte sich Weimar zur Stadt, die allerdings nicht nur hinter dem urbanen Zentrum Erfurt zurückblieb.

Der frühe Siedlungsmittelpunkt Weimar entwickelte sich nicht zu einer regional herausragenden Stadt. Urbanes Zentrum Thüringens wurde vielmehr das benachbarte Erfurt, während zahlreiche weitere Städte Weimar lange übertrafen. Im ausgehenden Mittelalter zählte es gerade einmal 2.000 Einwohner, während Erfurt mit fast 20.000 zu den größten Handels- und Kulturmetropolen des Reiches gehörte. Das lag nicht zuletzt daran, dass die wichtigen Fernhandelswege buchstäblich einen Bogen um Weimar machten. Die europäische Magistrale Via regia (Königsstraße) von Santiago de Compostela im Westen bis nach Moskau im Osten bog hinter Erfurt nördlich Richtung Leipzig ab. Auch die Nord-Süd-Achse der alten Kupferstraße von Nürnberg ins Mansfeldische Kupferrevier führte östlich an Weimar vorbei und tangierte Mellingen und Oßmannstedt.

So gewann der Weimarer Markt nie eine über das Umland hinausreichende Bedeutung mit einer großen wohlhabenden Fernhändlerschicht. Bis ins 19. Jahrhundert wurde die Stadt von Ackerbürgern und zünftigen Handwerkern geprägt. Dennoch entwickelte sich eine bürgerliche Stadtgemeinde, die 1254 erstmals als „civitas“ erwähnt wird. Mitte des 14. Jahrhunderts trat an die Stelle des gräflichen Schultheißen ein Ratskollegium an die Spitze des Gemeinwesens, das ein gewisses Maß an kommunaler Selbstverwaltung erlangte. In der Ersterwähnung in den Stadtstatuten von 1348 ist von vier Ratsmeistern und acht Ratsmannen die Rede. Vertreter der vier Stadtviertel, die „Vierer", übten als Gegengewicht der Gemeinde Mitbestimmung aus. Der Rat tagte im 1431 fertiggestellten, gotischen Rathaus, das später im Renaissancestil und nach einem Brand 1841 neogotisch neu gebaut wurde.

Die Wettiner verliehen Weimar 1410 das günstigere Stadtrecht von Weißensee und förderten die Bürgerschaft. Zugleich war es in ihrem Sinne, dass sich die Bürger um die Sicherheit der Stadt mit dem Bau und Unterhalt der Mauern sowie einem militärischen Aufgebot kümmerten. Die Folgen des großen Stadtbrandes von 1424 halfen sie mitzuüberwinden. Weimar erlebte so im 15. und 16. Jahrhundert eine gewisse Blütezeit. Vorübergehend erlangte der Handel mit dem in Thüringen weit verbreiteten Blaufärbemittel Waid Bedeutung. Die dauerhafte Ansiedlung eines herzoglich-sächsischen Hofes ab 1552 sorgte ebenfalls für wirtschaftliche Impulse.

Der Dreißigjährige Krieg setzte dieser Epoche jedoch ein Ende, wenngleich die Stadt von Plünderung und Zerstörung verschont blieb. Im 17. und 18. Jahrhundert trat die Bürgerschaft klar hinter die fürstliche Macht zurück. Zeitweise setzte der Herzog sogar seine Kammerdiener als Bürgermeister ein. Noch mit der von Herzog Carl August oktroyierten Stadtordnung von 1810 wurde der gewählte Rat weitgehend auf die innere Verwaltung beschränkt. Zugleich waren viele der noch bei Goethes Ankunft in Weimar 1775 gerade einmal 6.000 Einwohner wirtschaftlich auf den Hof ausgerichtet. Ein erheblicher Teil stand vom Gesinde bis hin zum hohen Beamten und Hofangehörigen direkt in fürstlichen Diensten. Eine französische Besucherin, Madame de Staël, brachte den Charakter der Residenz Anfang des 19. Jahrhunderts auf den Punkt: „Weimar war keine kleine Stadt; es war ein großes Schloss."

Die Stadt entstand aus den drei Siedlungskernen der Jakobsvorstadt, der Burg und der mauerumwehrten Stadt um Stadtkirche und Markt.

Die bauliche Entwicklung zur Stadt ging von drei Siedlungskernen aus: der Jakobsvorstadt, der Burg und der mauerumwehrten Stadt um Stadtkirche und Markt. Der älteste Bereich um die 1168 geweihte Jakobskirche reicht weit in die vorgeschichtliche Zeit zurück. Lange schlug sich dies auch im Namen „Alte Stadt" bzw. „Altstadt" nieder. Um die Jakobskirche befand sich zugleich der älteste und seit 1530 einzige Friedhof der Stadt. Hier erhielten prominente Weimarer wie Lucas Cranach d. Ä., Johann Karl Musäus und Goethes Frau Christiane ihre letzte Ruhestätte. Im 14. Jahrhundert entstand nördlich der Jakobsvorstadt am Asbachtal mit dem Nikolaus-Spital eines der großen Spitäler rund um die Stadt.

Der zweite Siedlungskern ist das Residenzschloss bzw. dessen Vorgängerbauten. Die strategisch günstig direkt am Ilmufer gelegene Anlage ging aus einer mittelalterlichen ovalen Wasserburg hervor, deren Wurzeln vermutlich bis in die fränkische Zeit zurückreichen. Sie wurde 984 erstmals urkundlich erwähnt, war Herrschaftssitz zunächst der Grafen von Weimar-Orlamünde, dann der Wettiner. Nach dem großen Stadtbrand 1424 kam es zu weitreichenden Umgestaltungen des Komplexes, denen später mehrere brandbedingte Neuerrichtungen folgen sollten. Von der seit Mitte des 16. Jahrhunderts Burg Hornstein genannten Anlage sind nur das Torhaus und der Turm der „Bastille" erhalten.

Um 1250 errichteten die Grafen von Weimar-Orlamünde unmittelbar westlich ihrer Burg die eigentliche Stadt Weimar. Sie taucht fortan auch in Urkunden als „civitas Wimar" auf. Solche Städtegründungen bzw. systematischen Erweiterungen waren in jener Zeit typisch und sollten wie auch bei den Landgrafen von Thüringen (z.B. in Eisenach und Gotha) dem wirtschaftlichen Machtausbau dienen. Die Grafen umgaben die neue, vermutlich an eine ältere Vorburg-Siedlung anknüpfende Stadt mit Wassergraben und Palisaden. An deren Stelle trat schrittweise bis ins 16. Jahrhundert eine massive Stadtmauer mit vier Toren und zehn Türmen. Die nördlich angrenzende Jakobsvorstadt blieb außerhalb des Mauerrings. Hieran erinnert der breite Straßenzug des „Grabens", wo bis zur Entfestigung Weimars im 18. Jahrhundert die Trennlinie zwischen beiden lange auch rechtlich getrennten Stadtteilen verlief.

Das Studentenzentrum Kasseturm markiert als einer der wenigen Reste den nordwestlichen Eckpunkt der Stadtbefestigungen. Diagonal gegenüber an der südöstlichen Ecke des historischen Stadtzentrums wurde der „Bibliotheksturm" in das Grüne Schloss integriert, das heute die Herzogin-Anna-Amalia-Bibliothek beherbergt. Die Stadtmauer zog sich etwa entlang dieser heutigen Straßen: Graben – Marstallstraße – Burgplatz – Platz der Demokratie – Schillerstraße – Theaterplatz – Goetheplatz. Vier Stadttore sicherten die Straßenausgänge: Erfurter Tor, Jakobstor, Kegeltor und Frauentor. Im 14. Jahrhundert kam es zur südlichen Erweiterung um den Bereich des Frauenplans mit einer bis ins 16. Jahrhundert belegten Marienkapelle. Diese südliche Vorstadt lag außerhalb der Stadtmauern.

Die urbanen Mittelpunkte waren der Herderplatz (Dietrichsmarkt) mit der Stadtkirche St. Peter und Paul (Herderkirche) und der Marktplatz. Die Stadtkirche wurde Mitte des 13. Jahrhunderts errichtet und stand bis zur Reformation unter dem Patronat des Deutschen Ritterordens. Bis 1500 erfolgte eine Vergrößerung in spätgotischer Form. Der benachbarte Friedhof wurde 1530 an die Jakobskirche verlegt. Diese diente als Grablege der Herzöge. Am Markt, der möglicherweise erst durch eine südliche Stadterweiterung im 14. Jahrhundert entstand, befand sich mit dem Rathaus das Herzstück der kommunalen Selbstverwaltung. In der Phase wirtschaftlichen Aufschwungs entstand gegenüber bis 1547 ein kommunales Kaufhaus (Stadthaus), in dem heute die Weimar-Information ihren Sitz hat. Zusammen mit einigen repräsentativen

Bürgerhäusern wie dem Cranach-Haus (1549) neben dem Stadthaus stieg der Markt damit zum dominierenden Platz der Stadt auf.

Unter den Vororten Weimars zählt das seit dem 13. Jahrhundert so genannte Oberweimar zu den geschichtsträchtigsten. Hier richtete Graf Hermann II. von Weimar-Orlamünde 1244 ein Zisterzienserinnenkloster ein, das als Hauskloster der Herrscherfamilie eine Blütezeit erlebte. Es wechselte 1500 zum Benediktinerorden und wurde im Zuge der Reformation 1525 aufgehoben. Auf diesen bedeutenden spirituellen Ort verweist noch die ehemalige Klosterkirche St. Peter und Paul. In Erinnerung geblieben sind die Nonnen Lukardis von Oberweimar, um 1300 eine bekannte Mystikerin, und die auf Betreiben Martin Luthers 1524 aus dem Kloster befreite Florentina von Oberweimar. Im Dunkel der Vergangenheit verschwimmt die Altenburg auf einem Bergsporn oberhalb der Schlossbrücke auf dem östlichen Ilmufer. Hier befand sich vermutlich im 9./10. Jahrhundert eine befestigte Fliehburg, von der allerdings wenig erhalten ist. Für sie hat sich seit dem 16. Jahrhundert der heutige Name eingebürgert. Als Villa Altenburg, im 19. Jahrhundert Wohnsitz von Franz Liszt und Carolyne von Sayn-Wittgenstein, erlangte die Bezeichnung kulturhistorische Berühmtheit.

1372 übernahmen die Wettiner die Landesherrschaft über Weimar und prägten die Stadt bis ins 20. Jahrhundert.

Die lange, oft blutige Konkurrenz der askanischen Grafen von Weimar-Orlamünde mit den zunächst ludowingischen, dann wettinischen Landgrafen von Thüringen gipfelte im Thüringer Grafenkrieg (1342–1346). Die Wettiner, Markgrafen von Meißen und Landgrafen von Thüringen, konnten sich gegen die einheimischen Grafengeschlechter durchsetzen und festigten damit ihre Machtposition in Thüringen. Für die Grafen von Weimar-Orlamünde war der 1346 geschlossene Frieden der Anfang vom Ende ihrer Herrschaft. Sie mussten ihr Stammland samt „Wimar hus und stadt“ den Wettinern als Lehen auftragen und verloren damit ihre Reichsunmittelbarkeit. Der letzte Graf Hermann VIII. unterstellte sich 1365 der Lehnsherrschaft der Wettiner. Nach dessen Tod 1372 zogen diese Weimar als erledigtes Lehen ein und übernahmen selbst die Herrschaft. Fortan sollten die Wettiner bis 1918 über die Geschicke Weimars bestimmen.

Damit konnten die Mark- und Landgrafen eine große Lücke in ihrem von der Werra bis zur Elbe reichenden Territorium schließen. Weimar blieb aber zunächst nur eine relativ unbedeutende Nebenresidenz. 1382 gewann es nach einer der zahlreichen Machtteilungen, der Chemnitzer Teilung, als Sitz des thüringischen Zweiges der Wettiner etwas mehr Bedeutung. Unter Landgraf Balthasar (reg. 1382–1406) begann der Aufstieg zur Hauptresidenz in Thüringen. Landgraf Wilhelm III. (reg. 1426–1482) machte Weimar ab 1445 zu seinem Lieblingssitz und verlieh der Stadt eine Reihe von kulturell-baulichen Impulsen. So ließ er 1453 das Franziskanerkloster nahe dem heutigen Theaterplatz errichten. Angeregt hatte ihn hierzu der Bußprediger Johannes Capistrano.

II. Im Brennpunkt der Reformation

Die kurfürstliche Residenz Weimar

Das Jahr 1372 bildet eine der wichtigsten Zäsuren der Weimarer Stadtgeschichte. Burg und Stadt gehörten nun zu einem der mächtigsten Fürstenhäuser des Reiches. Die Wettiner herrschten im ausgehenden Mittelalter über weite Teile Mitteldeutschlands und bildeten damit ein zentrales historisches Bindeglied der heutigen Bundesländer Sachsen, Sachsen-Anhalt und Thüringen. Ausgangspunkt dieses beeindruckenden Aufstiegs war der Erwerb der Markgrafschaft Meißen 1089 und der schrittweise Machtausbau in Sachsen gewesen. Nach dem Aussterben der Ludowinger hatten sie sich 1247/64 die Landgrafschaft Thüringen gesichert. Hiervon ausgehend bauten die Wettiner ihren Besitz in Thüringen weiter aus, wozu allen voran die Grafschaft Weimar-Orlamünde zählte.

1423 erlangten die Wettiner mit dem Herzogtum Sachsen-Wittenberg sogar den prestigeträchtigen Status eines der sieben Kurfürsten des Reiches. Zusammen mit den Erzbischöfen von Mainz, Köln und Trier, dem König von Böhmen, Markgrafen von Brandenburg und Pfalzgrafen bei Rhein waren sie nunmehr für die Wahl des Reichsoberhauptes verantwortlich. Die Wettiner führten fortan das Wappen des Herzogtums Sachsen mit dem neunmal Schwarz und Gold geteilten Schild mit grünem Rautenkranz. Das parallel verwendete Kurwappen mit den gekreuzten roten „Kurschwertern" auf schwarz-silbernem Hintergrund verweist auf das Ehrenamt des Erzmarschalls, der bei der Kaiserkrönung das Reichsschwert vorantrug. Zugleich gehörten die Wettiner zu den wichtigsten Förderern der Reformation. Dabei rückte ihre thüringische Residenz Weimar neben Wittenberg in besonderem Maße in den Fokus jener turbulenten Übergangsepoche an der Schwelle zur Neuzeit.

1485 gelangte Weimar an das ernestinische Kurfürstentum Sachsen, eines der mächtigsten Territorien des Reiches und Schutzmacht der Reformation.

Bei aller Machtfülle kam es allerdings nicht zur Festigung eines einheitlichen wettinischen Territorialstaates. Vielmehr spaltete die Leipziger Teilung zwischen den herzoglichen Brüdern Ernst und Albrecht 1485 den großen Länderkomplex dauerhaft in zwei Linien. Der jüngere Albrecht erhielt die Markgrafschaft Meißen, Gebiete um Leipzig sowie einen Landstreifen im nördlichen Thüringen. Kurfürst Ernst übernahm das mit der Kurwürde verbundene Herzogtum Sachsen-Wittenberg, einen breiten Landstreifen bis nach Zwickau und ins Vogtland sowie die Gebiete in Thüringen um Altenburg, Weimar, Gotha, Eisenach und Coburg. Neben den Gebietsüberschneidungen verfügten beide gemeinsam unter anderem über die wichtigen Einkünfte aus den Silberbergwerken des Erzgebirges.

Gilt die Leipziger Teilung heute auch nicht mehr als das große Verhängnis der Wettiner, so sollte die Spaltung doch langfristig zu einer Schwächung ihrer Position führen. Zugleich handelt es sich um einen historischen Einschnitt von großer Tragweite für Mitteldeutschland. Denn die Entwicklungslinie der ernestinischen und albertinischen Territorien führt letztlich bis hin zu den heutigen Ländern Thüringen und Sachsen. Für Weimar begann 1485 die jahrhundertelange Bindung an den wettinischen Familienzweig der Ernestiner.

Unter den Kurfürsten Friedrich III., der Weise (reg. 1486–1525), dessen Bruder Johann der Beständige (reg. 1525–1532) und dessen Sohn Johann Friedrich der Großmütige (reg. 1532–1547) zählte der ernestinische Staat mit seinen bevorzugten Residenzen Wittenberg, Torgau und Weimar zu den mächtigsten und angesehensten des

Reiches. Nach dem Tod Kaiser Maximilians brachte man Friedrich 1519 sogar als Kandidaten für den Kaiserthron ins Spiel. Allen voran Wittenberg und Torgau wurden zu prachtvollen Residenzen ausgebaut, was auch Ausdruck für den außergewöhnlichen (Silber-) Reichtum der Wettiner war. Als Ersatz für die an die Albertiner gefallene Universität Leipzig entstand 1502 die neue Wittenberger Universität. Unter Friedrichs Bruder Johann und dessen Sohn Johann Friedrich gewann Torgau stärker an Bedeutung.

Aber auch auf Weimar fiel besonders zwischen 1513 und 1525 als Sitz des kurfürstlichen Bruders der Glanz einer ernestinischen Residenz. Herzog Johann und Kurprinz Johann Friedrich ließen sich samt Hofstaat an der Ilm nieder, um von hier aus die thüringischen Besitzungen zu verwalten. Das Schloss wurde im Stil der Renaissance zum repräsentativen Herrschaftssitz umgestaltet, die Schlosskirche erfuhr ab 1519 eine großzügige Erweiterung. Sie wurde zugleich zum Vorbild für den ersten protestantischen Kirchenneubau in Schloss Hartenfels in Torgau. Auch nach dem Umzug des nunmehrigen Kurfürsten Johann 1525 nach Torgau wurde der Ausbau der thüringischen Hauptresidenz fortgesetzt. Neben den positiven Impulsen für die Entwicklung der Stadt brachte die Nähe der fürstlichen Obrigkeit freilich auch Einschränkungen mit sich. Nicht zuletzt die Umorientierung in Glaubensfragen hatte die Bürgerschaft mitzuvollziehen, was allerdings überwiegend aus freien Stücken geschah.

Das ernestinische Kurfürstentum Sachsen war die wichtigste Schutzmacht der 1517 einsetzenden Kirchenerneuerung. Als vielzitiertes „Kernland der Reformation“ rückte es in den Fokus der Weltgeschichte. Hauptakteur Martin Luther besaß seine biografischen Wurzeln in Thüringen und Sachsen-Anhalt. Der Vater des in Eisleben geborenen und in Mansfeld aufgewachsenen Reformators kam aus dem Familienstammort Möhra im westlichen Thüringer Wald, seine Mutter aus Eisenach, wo Luther 1498 bis 1501 die Lateinschule besuchte. 1501 bis 1505 studierte er an der renommierten Universität Erfurt.

Sein sagenumwobenes „Gewittererlebnis“ von Stotternheim 1505 führte zum Eintritt in das Erfurter Augustinerkloster, wo er bis zu seiner endgültigen Übersiedlung nach Wittenberg 1511 als Mönch lebte und Theologie studierte. Hier begann das Ringen um die theologischen Einsichten der Reformation. Dieses mündete in die Erkenntnis, dass der Mensch nur durch den Glauben an einen gnädigen Gott und nicht durch kirchliche Vermittlung (z. B. durch Ablassbriefe) oder gute Taten („Werkgerechtigkeit“) Erlösung erlange. „Gerecht“ werde er allein durch Jesus Christus (solus Christus), die Heilige Schrift (sola scriptura), die Gnade (sola gratia) und den Glauben (sola fide).

Nach dem später zum Auslöser der Reformation verklärten Anschlag der Thesen gegen den Ablasshandel an die Schlosskirche zu Wittenberg am 31. Oktober 1517 rückte Kurfürst Friedrich der Weise zum Schutzherrn Luthers auf, seit 1512 Professor an der Universität Wittenberg. Ohne dessen Unterstützung hätte das reformatorische Gedankengut kaum seine weltgeschichtliche Wirkungskraft entfalten können. Immer stärker geriet der Reformator ins Fadenkreuz der altgläubigen Kräfte um Papst und Kaiser. Auf dem Reichstag zu Worms 1521, auf dem Luther vor Kaiser Karl V. seine Lehren nicht widerrief, wurde über ihn die Reichsacht verhängt. Es folgte die Scheinentführung auf die Wartburg, wo Luther, als „Junker Jörg“ getarnt, 1521/22 das Neue Testament ins Deutsche übersetzte, dem 1534 die vollständige „Lutherbibel“ folgte. Hiermit legte er eine weitere wesentliche Grundlage für die Ausbreitung seiner Vorstellungen. Zugleich wird der Bibelübersetzung eine wichtige Rolle bei der Durchsetzung einer neuhochdeutschen Sprache zugeschrieben.

Als Sitz Herzog Johanns und dessen Sohnes Johann Friedrich rückte Weimar in den Brennpunkt der Reformation.

Luther konnte im Schutzraum des ernestinischen Kurfürstentums die Ausbreitung seiner Lehren verfolgen. Die Hauptre-

In der Stadtkirche St. Peter und Paul (Herderkirche) predigte seit 1525 der erste evangelische Stadtpfarrer Johannes Grau.

sidenz Wittenberg wurde dabei zum geistigen Zentrum der Reformation. Weimar spielte jedoch als Sitz Herzog Johanns und dessen Sohnes Johann Friedrich ebenfalls eine wichtige Rolle. Für gut ein Jahrzehnt war es sogar die Kommunikations- und Machtzentrale der neuen Glaubensrichtung. Der Bruder des Kurfürsten und mehr noch dessen Sohn waren den Ideen Luthers gegenüber deutlich aufgeschlossener als der diplomatisch zurückhaltende Friedrich in Wittenberg. Die Weimarer Schlosskirche war eine der ersten, in der die lutherische Lehre gepredigt wurde. Johann und Johann Friedrich wirkten eng mit Luther zusammen, beförderten in ihrem Herrschaftsbereich die Reformation, ermutigten Geistliche zur Übernahme der neuen Glaubensrichtung. Luther selbst entwickelte eine enge, fast freundschaftliche Beziehung zu „Herzog Hans" und dessen Sohn.

Obwohl der Herzog zunächst nicht mit obrigkeitlicher Gewalt in den Wettstreit der Bekenntnisse eingriff, sorgte seine Haltung für die rasche Verbreitung der lutherischen Lehre. Seit 1521 wirkte in der Schlosskirche der evangelische Prediger Wolfgang Stein aus

Zwickau, der bald zum ersten Hofprediger aufstieg. 1524 bestellte der Stadtrat Johannes Grau als Prediger an die Stadtkirche, der 1525 zum ersten evangelischen Stadtpfarrer aufrückte. Der einstige Priester hatte schon 1522 geheiratet und war der Begründer des evangelischen Pfarrhauses in Weimar. Altkirchliche Gottesdienste wurden fortan verboten und seit 1523 fanden keine Prozessionen mehr statt. Schon nach wenigen Jahren sollte sich fast die gesamte Bevölkerung zum neuen Glauben bekennen. Seit 1525 wurde auf Geheiß des Herzogs die Messe im Sinne Luthers nur noch auf Deutsch gelesen und das Abendmahl unter beiderlei Gestalt ausgespendet. Letzteres umfasste nunmehr Brot *und* Wein, der bisher den Klerikern vorbehalten gewesen war. Der vergrößerte „Laienkelch“ wurde so zu einem Charakteristikum des evangelischen Gottesdienstes.

Lange Zeit im Zentrum der heftigen Debatten stand das Franziskanerkloster. Seine Mönche waren die energischsten Kämpfer für den alten Glauben und gerieten zunehmend in Konflikt mit der Bürgerschaft. Aber auch innerhalb des Klosters entstand eine Opposition von Luther-Anhängern, zu der der Vertraute des Reformators, Friedrich Myconius, zählte. Es kam zu ersten Austritten und zur spektakulären Flucht eines Mönches 1523. 1525 wurde den Mönchen vom Herzog das Predigen in der Stadt verboten und 1533 ihr Konvent endgültig aufgehoben. Das heute kaum noch als solches erkennbare Kloster wurde anderen Nutzungen zugeführt, mittlerweile dient es der Musikhochschule. 1525 wurde der gesamte Kirchenbesitz vom Herzog eingezogen. Fürst und Stadtrat waren fortan für alle kulturellen und sozialen Aufgaben verantwortlich, die bisher von der Kirche erfüllt worden waren.

Martin Luther selbst hat in Weimar viele Spuren hinterlassen. Er griff zwischen 1518 und 1540 immer wieder persönlich in das Reformationsgeschehen ein und hielt wegweisende Predigten. Er erläuterte die wichtigsten Glaubensgrundsätze und bestärkte die Ernestiner in ihrer „Reformation von oben“. Das landesherrliche Kirchenwesen nahm rasch Konturen an. Luther und Hofprediger Stein unternahmen bereits 1524 erste Visitationsreisen in die Umgebung von Weimar. Mit seinem Auftreten vor Ort und dem direkten Kontakt zum Herzog und dessen Sohn trieb Luther die Reformation in Weimar voran.

Von besonders weitreichender Bedeutung war sein Aufenthalt im Oktober 1522, bei dem er sechs Predigten in der Schloss- und Stadtkirche hielt. Wichtigstes Ergebnis dieses Besuches war die Formulierung von Luthers Herrschaftsverständnis. Auf Bitten von Herzog Johann floss dieses 1523 in die Schrift „Von weltlicher Obrigkeit" mit ihrer „Zwei-Reiche-Lehre" ein. Sie wurde zur Grundlage des „Bündnisses von Thron und Altar", das die neuzeitliche Staatlichkeit und konservative nationalprotestantische Tradition prägte. Allerdings sieht man heute in dieser Schrift und ihrer weiteren theologischen Auslegung nicht mehr nur die verhängnisvolle Hauptquelle einer typischen deutschen Obrigkeitsgläubigkeit bis ins 20. Jahrhundert hinein.

Als authentische Luther-Orte dürfen insbesondere die Stadtkirche und das einstige Franziskanerkloster gelten. Die für die Reformationsgeschichte so bedeutungsvolle Schlosskirche dagegen fiel dem großen Brand von 1774 zum Opfer. Im „Lutherhof" in der heutigen Luthergasse soll der Reformator mehrfach bei Johann Burkhardt gewohnt haben. Burkhardt war der Bruder von Georg Spalatin, dem einflussreichen Berater von Kurfürst Friedrich und Vermittler zwischen dem Monarchen und Luther. Der berühmteste Erinnerungsort im thüringischen Herrschaftsbereich der Wettiner ist freilich die Wartburg. Auch Luthers Scheinentführung und folgenreicher Aufenthalt auf der Burg 1521/22 wurde von Herzog Johann in Weimar organisiert. Auf seinem Triumphzug von Wittenberg nach Worms hatte Luther zuvor im April 1521 an der Ilm Station gemacht.

Mit dem ernestinischen Kurfürstentum Sachsen beginnend, griffen die Herrscher Mitteldeutschlands bis Mitte des 16. Jahrhunderts das neue Bekenntnis auf. Dabei kamen ihnen die von Luther autorisierte Erhebung zu Quasi-Bischöfen und der Aufbau landeskirchlicher Strukturen bei der Ausbildung frühneuzeitlicher Staatlichkeit sehr entgegen. Vom Augsburger Religionsfrieden 1555 wurde schließlich unter der Formel „Cuius regio, eius religio" („Wessen Land, dessen Religion") sanktioniert, dass der Landesherr die Religion seiner Untertanen bestimmen kann. Begleitet von Unruhen, wie den „Pfaffenstürmen" auf Klöster und Kirchen, gewann die Reformation rasch an Boden. Das mitteldeutsche Umland Weimars gehörte damit mit wenigen Ausnahmen fortan im religiös gespaltenen Reich zum protestantischen Kulturraum Mittel- und Nordeuropas.

Auch die Niederschlagung des Bauernkrieges in Thüringen 1525 wurde von Weimar aus koordiniert.

Die von Luther angefachte Aufbruchsstimmung ging weit über dessen Intentionen und die seiner fürstlichen Protektoren hinaus. Letztere korrigierten deshalb auch ihre anfängliche Offenheit für diverse reformatorische Strömungen. Radikalere Kräfte forderten soziale Konsequenzen und fanden damit breiten Zulauf. Luthers Wittenberger Professorenkollege Andreas Bodenstein, genannt Karlstadt, versuchte seine Vorstellungen 1523/24 in Orlamünde als Pfarrer umzusetzen, worauf er auf Betreiben Luthers des Landes verwiesen wurde. Der Theologe Thomas Müntzer gehörte vermutlich seit 1517 zum Umfeld der Wittenberger Reformatoren und war auf Empfehlung Luthers in Zwickau und Allstedt als Prediger tätig. Allmählich entwickelte Müntzer jedoch eine von Luther abweichende Theologie, in der die mystische Erfahrung des göttlichen Geistes im Mittelpunkt stand.

Das Propagieren einer von weltlicher Herrschaft befreiten christlichen Gemeinschaft brachte ihn in Konflikt mit der Obrigkeit. Müntzers „Fürstenpredigt" im Allstedter Schloss am 13. Juli 1524 vor Herzog Johann und Prinz Johann Friedrich sorgte für den Bruch. Die Herrscher sollten sich entweder seiner „Gemeinschaft Auserwählter" anschließen oder das Volk werde sie entmachten.

Diese revolutionäre Theologie widersprach Luthers „Zwei-Reiche-Lehre", laut der der weltlichen Obrigkeit unbedingter Gehorsam zusteht. Die beiden Reformatoren griffen sich nun gegenseitig als „Satan von Allstedt" und „sanftlebendes Fleisch von Wittenberg" unversöhnlich an.

Müntzer fand großen Anklang beim „gemeinen Mann". 1524 ließ er sich in der Reichsstadt Mühlhausen nieder, wo ein „Ewiger Rat" die Patrizier entmachtete. Als sich im Frühjahr 1525 in weiten Teilen Thüringens Bauernhaufen gegen Adel und Klerus erhoben, stellte sich Müntzer an deren Spitze. Am 15. Mai 1525 unterlagen die Bauern in der Schlacht bei Frankenhausen gegen die militärisch überlegenen Truppen Landgraf Philipps von Hessen und Herzog Georgs von Sachsen. Bis zu 6.000 Bauern sollen bei dem blutigen Gemetzel den Tod gefunden haben. Müntzer wurde gefangen genommen und vor den Toren Mühlhausens hingerichtet.

Das Umfeld Weimars wurde so zu einem Hauptschauplatz jener Entwicklungen am Beginn der Neuzeit, die die DDR-Geschichtsschreibung unter Verbindung von Reformation und Bauernkrieg als „Frühbürgerliche Revolution" zusammengefasst hat. Weimar selbst blieb weitgehend von den Unruhen verschont. Verantwortlich hierfür waren nicht zuletzt die in Oberweimar zusammengezogenen fürstlichen Truppen. Die Vorladung Müntzers zum obrigkeitlichen Verhör in Weimar am 1. August 1524 wiederum war das Signal für dessen Hinwendung nach Mühlhausen gewesen. Weimar wurde nun zur Schaltzentrale der Niederschlagung der Revolte in Thüringen. Nach der Schlacht von Frankenhausen brach Herzog Johann im Mai 1525 zu einer blutigen Strafexpedition durch seine betroffenen Gebiete auf. Hierin dürfte ihn neben dem Selbstverständnis des Herrschers von Gottes Gnaden auch die Luther'sche Kampfschrift „Wider die räuberischen und mörderischen Rotten der Bauern" bestärkt haben.

III. Machtverlust und Kulturgewinn

Die herzogliche Residenz Weimar

Die ernestinischen Kurfürsten von Sachsen hatten Weimar für einige Jahre in den Blickpunkt der Reformationsgeschichte gerückt. Mit dem Amtsantritt des bisher in Weimar residierenden Herzogs Johann der Beständige als Kurfürst 1525 verlagerte sich jedoch der Machtschwerpunkt wieder an die Elbe. Zudem sollte sich das ernestinische Kurfürstentum als recht kurzlebig erweisen. Johann der Beständige und sein Sohn Johann Friedrich waren nicht nur Verfechter der Lehre Luthers, sondern sahen auch die Notwendigkeit einer militärischen Verteidigung des neuen Glaubens. Im Schmalkaldischen Bund der protestantischen Reichsstände von 1531 übten sie zusammen mit Landgraf Philipp von Hessen eine Führungsrolle aus.

Dies kostete den Ernestinern im Schmalkaldischen Krieg 1546/47 jedoch ihre Machtstellung. Nach der Niederlage gegen Kaiser Karl V. und Herzog Moritz von Sachsen in der Schlacht bei Mühlberg an der Elbe am 24. April 1547 gingen die Kurwürde und alle nichtthüringischen Gebiete an die Albertiner über. Diesen gelang fortan die Entwicklung des Kurfürstentums Sachsen zu einem einheitlichen Territorialstaat mit der Hauptstadt Dresden. Die Ernestiner dagegen splitterten ihren verbliebenen Besitz in Thüringen immer wieder auf und trugen so zum kleinstaatlich geprägten „Land der Residenzen“ bei.

Weimar entwickelte sich nach der Niederlage der Ernestiner im Schmalkaldischen Krieg 1547 zu einer herzoglichen Kleinstaatenresidenz.

Das Jahr 1547 bildet für Weimar eine weitere tiefgreifende historische Zäsur. Es sollte fortan ein machtpolitisch bedeutungsloser Herrschaftssitz unter vielen in Thüringen bleiben. Andererseits markiert die Rückkehr Johann Friedrichs aus kaiserlicher Gefangenschaft nach Weimar am 29. September 1552 aber auch den Beginn von gut dreieinhalb Jahrhunderten als dauerhafte herzoglich-sächsische Residenz, die durch die Kulturpolitik ihrer Herrscher zu Weltruhm gelangen sollte.

Die Ernestiner hatten allerdings nicht sogleich den großen Machtverlust akzeptiert. So nannte sich Johann Friedrich demonstrativ „geborener Kurfürst“. Der bis heute erhaltene Wappenstein am Torhaus der Bastille von 1531 mit dem sächsischen Kurwappen blieb trotzig an seiner Stelle, die gekreuzten Schwerter sind auch auf dem Cranach-Altar in der Herderkirche als Hoheitszeichen Johann Friedrichs zu sehen. Dessen Sohn, Herzog Johann Friedrich II. (reg. 1547–1567), ging noch einen Schritt weiter. Er scheiterte jedoch bei dem Versuch, die verlorene Kurwürde gewaltsam zurückzugewinnen, und verspielte damit endgültig alle politischen Ambitionen seines Hauses.

Das ernestinische Herzogtum Sachsen mit seiner Residenz Weimar wurde 1572/73 vom Kaiser unter die Söhne Johann Friedrichs II. und dessen Bruder Johann Wilhelm aufgeteilt. An der Praxis der Erbteilungen sollten die Ernestiner festhalten, sodass aus ihrem thüringischen Gebietsstand – anders als etwa in Kursachsen – kein einheitlicher Territorialstaat entstehen konnte. Ursache war jeweils die Vererbung auf mehrere männliche Nachkommen oder das Aussterben einer Linie. Erst seit Ende des 17. Jahrhunderts gingen die Ernestiner zur Primogenitur über, d.h. zur Vererbung auf den ältesten Nachkommen.

Die Erfurter Teilung 1572 führte zunächst zur Bildung der Herzogtümer Sachsen-Coburg-Eisenach und Sachsen-Weimar. Beide wurden bereits 1596 bzw. 1603 in Coburg, Eisenach, Weimar und Altenburg weiter aufgesplittert. Coburg fiel 1633 an Eisenach, das wiederum 1638 unter Weimar und Altenburg aufgeteilt wurde.

Nach einer Aufteilung Weimars 1640/41 in Weimar, Eisenach und Gotha bestanden nach dem Aussterben der Altenburger 1672 nur noch Weimar und Gotha. Freilich erreichte die Kleinstaaterei jetzt erst ihren Höhepunkt mit zeitweise zehn Herzogtümern. Noch 1672 wurde Weimar in Weimar, Jena (bis 1690) und Eisenach (bis 1741) aufgeteilt. Von 1741 an sollte das Herzogtum Sachsen-Weimar-Eisenach bis 1918 Bestand haben. Gotha wurde 1680/81 in Gotha-Altenburg, Coburg, Meiningen, Römhild, Eisenberg, Hildburghausen und Saalfeld aufgeteilt. Hier reduzierte sich die Zahl der Herzogtümer wieder durch das Erlöschen von Coburg (1699), Eisenberg (1707) und Römhild (1710). 1735 wurde Coburg-Saalfeld gebildet.

Bis auf eine letzte Umverteilung des Gothaer Gesamtbesitzes 1826 hatte damit die Teilungspraxis der Ernestiner ein Ende gefunden. Neben den Wettinern gelang es den Schwarzburgern und Reußen, sich dauerhaft als Landesherren zu etablieren. Sie komplettierten mit ihren Erbteilungen und verstreuten Ländereien das Bild der thüringischen Kleinstaatenwelt. Während die meisten ähnlich zersplitterten Regionen etwa im benachbarten Franken mit dem Ende des Alten Reiches nach 1806 von der Landkarte verschwanden, blieben die thüringischen Kleinstaaten bis 1918/20 erhalten.

Zu den bedeutendsten Herrschern des „vorklassischen“ Weimars zählt Herzog Wilhelm IV. (reg. 1620–1662). Keineswegs frei von Zügen eines selbstherrlichen barocken Monarchen hat er die kulturellen Ambitionen seines Hauses unter anderem mit der in Weimar gegründeten Fruchtbringenden Gesellschaft (1617) deutlich angemeldet. Die beachtliche Schultradition wird von dem im frühen 17. Jahrhundert in Weimar wirkenden Reformpädagogen Wolfgang Ratke verkörpert. Sie fand mit der Umwandlung der Stadtschule in das Wilhelm-Ernst-Gymnasium (1712) unter dem gleichnamigen Herzog Wilhelm Ernst (reg. 1683–1728) ihren Höhepunkt. Dieser gründete 1691 auch die Herzogliche Bibliothek, aus der die heutige Herzogin-Anna-Amalia-Bibliothek hervorging. In die Amtszeit des

Kunst- und Musikliebhabers fällt zugleich das Wirken Johann Sebastian Bachs am herzoglichen Hof von 1708 bis 1717.

Einen letzten spektakulären Ausflug der Ernestiner in die Sphäre der großen Machtpolitik unternahm Bernhard von Weimar, Bruder von Wilhelm IV. Im Dreißigjährigen Krieg war der populäre Feldherr zum Herrscher über das kurzlebige protestantische Herzogtum Franken aufgestiegen, konnte aber seine Position nicht lange behaupten. Herzog Ernst August I. (reg. 1728–1748) schließlich baute die absolutistische Herrschaft im Rahmen der kleinstaatlichen Möglichkeiten weiter aus und versuchte ihr auch baulich Ausdruck zu verleihen. Unter ihm gelangte zudem nach dem Aussterben der dortigen Linie 1741 der Eisenacher Landesteil wieder an das nunmehrige Herzogtum Sachsen-Weimar-Eisenach, das seinen Gebietsstand damit deutlich vergrößerte. Durch die Einführung der Primogenitur blieb es fortan von weiteren Teilungen verschont.

Die Ernestiner verstanden sich nach 1547 als eigentliche Wahrer des Luthertums.

Der Weimarer Kleinstaat bildete als Ergebnis der Reformation eine eigene evangelische Landeskirche mit dem Herzog als Quasi-Bischof. Schon unter Herzog Johann war dabei 1525 das orthodoxe Luthertum als verbindliche Glaubensrichtung festgelegt worden. Weit über dieses zeittypische Landeskirchenwesen hinaus verstanden sich die Ernestiner nach dem Machtverlust von 1547 als die eigentlichen Wahrer des Luther'schen Erbes, während ihre albertinischen Vettern es hiermit weniger genau nahmen und unter August dem Starken 1697 um der polnischen Königskrone willen sogar zum Katholizismus konvertierten. Viele ernestinische Fürsten pflegten mit großem Eifer die protestantische Tradition in Wissenschaft, Kunst und Kultur.

So ließ Herzog Johann Friedrich die ernestinisch-kurfürstlichen Archive aus Wittenberg und Torgau nach Weimar bringen.

Über Generationen gepflegt und ergänzt, bilden sie einen einzigartigen historischen Schatz. Gehoben wurde dieser unter anderem mit der maßgeblichen Gesamtausgabe der Werke Luthers, die als „Weimarer Ausgabe" von 1883 bis 2009 entstand. Wichtige Stätten der Aufarbeitung dieses Erbes bilden heute die Einrichtungen der Klassik Stiftung Weimar und das Landesarchiv Thüringen – Hauptstaatsarchiv Weimar. Letzteres hat seinen Sitz im ehemaligen Marstall neben dem Schloss. Die reichen Bestände aus der Reformationszeit, dem Bauernkrieg, dem Schmalkaldischen Bund und dem Herzogtum Weimar befinden sich im historischen Archivgebäude am Beethovenplatz.

Nur 20 Kilometer von Weimar entfernt, entwickelte sich die 1548/58 von Johann Friedrich als Ersatz für das verlorene Wittenberg gegründete Universität Jena rasch zu einer Hochburg des Protestantismus. Sie sollte später eine enge Symbiose mit der Kulturstadt Weimar eingehen. Zunächst stand die Ausbildung evangelischer Geistlicher und Beamter im Vordergrund. Die ebenfalls nach 1552 aus Wittenberg nach Weimar verbrachte kurfürstliche Bibliothek wurde zum Grundstock sowohl der heutigen Universitätsbibliothek Jena als auch der Herzogin-Anna-Amalia-Bibliothek in Weimar. Beide verfügen über einen reichen Bestand an Werken Luthers und aus der Reformationszeit. Zu den Schätzen in Weimar gehört die prachtvoll kolorierte erste Bibel-Gesamtausgabe Luthers von 1534.

Die Reformation war neben dem Buch- und Flugblattdruck auch von prominenten Künstlern befördert worden. Mit Lucas Cranach dem Älteren stand einer der bedeutendsten Maler und Grafiker der Renaissance auf Luthers Seite. Er war seit 1505 kursächsischer Hofmaler in Wittenberg. Mit seinen zahlreichen Portraits gab er dem Reformator, seinen Mitstreitern und fürstlichen Schirmherren buchstäblich ein Gesicht, vermittelte zugleich in seinen Bildern anschaulich theologische Grundgedanken.

Von seinem Sohn Lucas Cranach dem Jüngeren stammt der 1554/55 geschaffene Cranach-Altar in der Herderkirche, eine der bedeutendsten bildlichen Darstellungen lutherischer Theologie mit Jesus als Erlöser im Mittelpunkt. Sein Bildprogramm bringt das ernestinische Selbstverständnis als Beschützer des „wahren Glaubens“ sinnfällig zum Ausdruck. Es zeigt neben der Fürstenfamilie und Luther auch Cranach den Älteren als Künstler, der maßgeblich zum Erfolg der Reformation beigetragen hat. Johann Friedrichs Hofmaler war 1552 seinem Fürsten aus der Gefangenschaft in die neue Residenz Weimar gefolgt. Hieran erinnert das Cranach-Haus am Markt, wo der Künstler sein letztes Lebensjahr verbrachte. Es gehörte dem einflussreichen Kanzler Christian Brück, seinem Schwiegersohn. Neben dem Cranach-Altar und dem Cranach-Haus erinnern zahlreiche bedeutende Werke in den Kunstsammlungen der Klassik Stiftung im Residenzschloss an die „Maler der Reformation“.

Im 17. und 18. Jahrhundert betrieben die ernestinischen Herzöge eine ambitionierte Kulturpolitik und bauten ihre Residenz Weimar aus.

Schon in der zweiten Hälfte des 16. Jahrhunderts bemühten sich die Ernestiner, Weimar als Residenz repräsentativ auszugestalten. So entstanden neben dem weiter im Renaissancestil ausgebauten Hornstein das Grüne Schloss (1562–65), das später zur Bibliothek ausgebaut werden sollte, und das Rote Schloss (1573–76), in dem heute Behörden angesiedelt sind. Die Stadtkirche mit ihrem Cranach-Altar diente für zwei Jahrhunderte als Grablege der Herzogsfamilie.

Nach einem verheerenden Brand des Hornsteins 1618 entstand bis 1664 in mehreren Bauschritten die barocke Wilhelmsburg, benannt nach Herzog Wilhelm IV. Die Gruft der neuen Schlosskirche nahm nunmehr die herzogliche Grablege auf. Im Rahmen des Wiederaufbaus konnte 1653 die neue Sternbrücke über die Ilm als östliche Schlosszufahrt eingeweiht werden. Der Schlossturm erhielt 1732 eine barocke Haube nach Plänen von Gottfried Hein-

Ansicht der Residenzstadt Weimar mit der barocken Wilhelmsburg um 1650.

rich Krohne. 1704 und 1718 erweiterten das Gelbe Schloss unmittelbar südlich des Roten Schlosses und das Reithaus an der Ilm südlich der Wilhelmsburg die innerstädtische Residenzlandschaft. In diesen Rahmen gehört auch der barocke Neubau der Jakobskirche 1713, die zeitweise als Garnison- und Hofkirche diente, die barocke Umgestaltung des Inneren der Stadtkirche 1736 und die neue Superintendentur 1725. 1716 wurde der markante Neubau des Wilhelm-Ernst-Gymnasiums mit seiner zweiläufigen Freitreppe am Herderplatz eingeweiht.

Die Umgebung Weimars erhielt ebenfalls in dieser Zeit ihren Charakter als reizvolle Residenzlandschaft mit parkumsäumten Schlössern. Auf der Nordseite des Großen Ettersberges, des beliebten Jagdgebietes der Herzöge, begann Herzog Wilhelm Ernst Anfang des 18. Jahrhunderts mit dem Bau des Schlosses Ettersburg. Sein Neffe Ernst August I. vollendete das Bauwerk am Rande des gleichnamigen Dorfes. Im Süden von Weimar erhebt sich auf einer

Anhöhe das Schloss Belvedere, umgeben von einem 43 Hektar großen Park. Ernst August ließ sich hier zwischen 1724 und 1748 eine barocke Sommerresidenz einschließlich einer Orangerie sowie eines Lust- und Irrgartens errichten. Prächtige Alleen verbanden die Stadt und das Residenzschloss mit dem Umland, insbesondere mit den Schlössern und Parks. Am deutlichsten lässt sich dies bis heute an der Belvederer Allee nachvollziehen. Freilich führte die am Hof des französischen „Sonnenkönigs" Ludwig XIV. orientierte Ära Ernst Augusts am Vorabend des „klassischen Weimars" auch zur Zerrüttung der Staatsfinanzen.

1617 wurde in Weimar die Fruchtbringende Gesellschaft als bedeutendste deutsche Sprachgesellschaft der Barockzeit gegründet.

Ein gutes Jahrhundert vor seinem berühmten Nachfolger Carl August ging Herzog Wilhelm IV. in die Annalen der deutschen Literaturgeschichte ein. In Erinnerung geblieben ist er vor allem als Mitinitiator und Oberhaupt der Fruchtbringenden Gesellschaft. Jene 1617 in Weimar gegründete Gesellschaft hatte sich nach dem Vorbild Italiens die Pflege der deutschen Sprache zur Aufgabe gemacht. Sie zielte aber auch auf die Stärkung des Nationalbewusstseins, das sich seit Beginn der Neuzeit um 1500 auszuprägen begann. Politische Ambitionen Wilhelms und des Gesellschaftsoberhauptes Fürst Ludwig von Anhalt, etwa in Form des Deutschen Friedbundes (1622/23), trugen zwar keine Früchte, zeigen aber die Vision einer durch Sprache, Religion und Staat geeinten Nation. Dem Palmenorden, wie die Gesellschaft nach ihrem Emblem genannt wurde, gehörten Adelige, darunter zahlreiche thüringische Fürsten, bürgerliche Gelehrte und die meisten bedeutenden Barockdichter wie Martin Opitz, Andreas Gryphius, Friedrich von Logau oder Philipp von Zesen an.

Seit 1651 stand der kulturell sehr aufgeschlossene Wilhelm an der Spitze der nun in Weimar ansässigen Gesellschaft. Sie war nach dem Tod Ludwigs von Anhalt mit ihrer „Geschäftsstelle" samt Siegel und Erzschrein an die Ilm umgezogen. 1653 holte Wilhelm den Dichter Georg Neumark als Sekretär der Gesellschaft sowie Bibliothekar und Hofdichter nach Weimar. Zwischen Wilhelm und Neumark entwickelte sich ein ähnlich fruchtbares Verhältnis wie später zwischen Carl August und Goethe. Neumark belebte die Arbeit der Gesellschaft noch einmal maßgeblich und verfasste eine ausführliche Chronik der „Hochlöblichen Fruchtbringenden Gesellschaft" (1668). Die Gesellschaft entfaltete eine großangelegte Übersetzungstätigkeit und Sprachpflege. Der aus Erfurt stammende Dichter und Gelehrte Kaspar Stieler legte 1691 das erste große Wörterbuch der deutschen Sprache vor.

Nach dem Tod Herzog Wilhelms 1662 und dem Ausscheiden Neumarks aus seiner Leitungstätigkeit verlor die Gesellschaft rasch an Bedeutung und löste sich 1680 auf. Ihr Hauptziel, das Deutsche in Literatur und Wissenschaft aus dem Schatten der modischen Fremdsprachen, insbesondere des Französischen, und der noch immer vorherrschenden Gelehrtensprache Latein hervorzuziehen, konnte die Gesellschaft nicht erreichen. Dies sollte sich jedoch im bald anbrechenden Zeitalter der Aufklärung ändern. Mit der Weimarer Klassik der Goethe-Zeit bewegte sich das Deutsche endgültig auf Augenhöhe mit den großen Literatursprachen Europas.

Johann Sebastian Bach verbrachte von 1708 bis 1717 prägende Jahre in Weimar.

Der große Barockmusiker und Komponist Johann Sebastian Bach steht für einen der Höhepunkte protestantischer Musikkultur. Aus einer weitverzweigten thüringischen Musikerfamilie stammend, nahm der spätere Leipziger Thomaskantor die ersten Schritte auf der Karriereleiter in seiner Heimat. Schon 1703 hatte der gebürtige Eisenacher kurzzeitig als Violinist in der Privatkapelle des Mitregenten Johann Ernst von Sachsen-Weimar gewirkt. Nach Organistenstellen in Arnstadt und Mühlhausen führte ihn der Weg für längere Zeit in die Residenzstadt Weimar. Am 14. Juli 1708 trat Bach seinen Dienst im Herrschaftssitz der ernestinischen Herzöge an. Bis 1717 war er hier als Hoforganist und Konzertmeister tätig. Einer seiner Arbeitsplätze war die Orgel in der Schlosskapelle der Wilhelmsburg, die „Himmelsburg". So wurde die über drei Etagen hochaufragende Kapelle genannt, über der noch in einer weiteren Empore unter dem Dach die Orgel untergebracht war.

Die Weimarer Jahre sollten beruflich und privat eine erfüllte Zeit werden. Der 23-jährige Musiker steckte voller Tatendrang. Er schrieb einen großen Teil seines Orgelwerkes, über 30 Kantaten und zahlreiche Cembalowerke. Jene Schaffensphase sollte sein gesamtes Werk wesentlich prägen. In der Wohnung am Markt entfaltete sich ein freudiges Familienleben. Zwei seiner später selbst als Musiker zu Rang und Namen gelangenden Söhne, Wilhelm Friedemann und Carl Philipp Emanuel, sowie vier weitere Kinder erblickten hier das Licht der Welt. An das im Krieg zerstörte Bach-Haus neben dem Hotel „Elephant" erinnern eine Gedenktafel und gegenüber das im 200. Todesjahr 1950 errichtete Bach-Denkmal von Bruno Eyermann.

Obwohl sein Dienstherr den bereits weithin berühmten Organisten durchaus schätzte, schied Bach schließlich in „angezeigter Ungnade" aus Weimar. Die bisweilen schwierige Stellung der Musiker am Hofe und die Übergehung bei Beförderungen durch Herzog Wilhelm Ernst hatten seinen Abschiedswunsch Richtung Köthen an den anhaltinischen Hof beschleunigt. Ohne Wissen des Herzogs schloss er dort einen neuen Vertrag als Kapellmeister. Als Reaktion hierauf steckte Wilhelm Ernst den unbotmäßigen Untertanen kurzerhand für einen Monat in Arrest, vermutlich in der Landrichterstube der Bastille. Anfang Dezember 1717 durfte Bach Weimar verlassen.

IV. „Goldenes Zeitalter“

Die Weimarer Klassik

Entscheidender Resonanzraum des internationalen Rufes der Kulturstadt Weimar ist die Weimarer Klassik bzw. Goethe-Zeit. Sie ging als „Goldenes Zeitalter“ im Herzogtum Sachsen-Weimar-Eisenach in die Kulturgeschichte ein. Unter der Ägide von Herzogin Anna Amalia (reg. 1759–1775) und ihres Sohnes Carl August (reg. 1775–1828) kamen in den sechs Jahrzehnten um 1800 zahlreiche Geistesgrößen wie Christoph Martin Wieland, Johann Wolfgang Goethe, Johann Gottfried Herder und Friedrich Schiller ins „Ilm-Athen“, betrieb der Kleinstaat erfolgreich „kulturelle Großmachtpolitik“. Weimar stieg zusammen mit der benachbarten Universitätsstadt Jena zu einem Zentrum deutscher und europäischer Kultur auf. Die Pflege dieses großen Erbes bildet bis heute ein zentrales Element nationaler Kulturpolitik und hat die weitere Entwicklung der Stadt selbst maßgeblich beeinflusst.

Man sprach in diesem Zusammenhang von einem „dynastischen Glücksfall“, war doch für das kleine, finanziell sehr eingeschränkte Herzogtum mit seiner ländlichen Residenz abseits der großen Verkehrswege eine solche Entwicklung alles andere als selbstverständlich. Wie erwähnt, zählte die stark vom Hof geprägte Ackerbürger- und Handwerkerstadt im späten 18. Jahrhundert gerade einmal 6.000 Einwohner. Die Wirtschaft bewegte sich noch in bescheidenen althergebrachten Bahnen, der Mist von Schweinen und Hühnern lag auf den ungepflasterten Straßen. Herder bezeichnete Weimar deshalb auch als „Mittelding zwischen Hofstadt und Dorf“. Mit der Beseitigung der Stadtbefestigungen ab 1757 auf Befehl Herzog Ernst August II. Constantins (reg. 1755–1758) wurde immerhin der Weg für die spätere Stadterweiterung über die mittelalterlichen Grenzen hinaus möglich gemacht. Unter Anna Amalias Sohn sollte dann auch ein erster Wachstumsschub auf immerhin 10.000 Einwohner erfolgen. Vorerst freilich war an rasantes Wachstum nicht zu denken.

Herzogin Anna Amalia legte seit 1758 den Grundstein für das „Goldene Zeitalter".

Auch politisch gestaltete sich die Ausgangssituation alles andere als günstig. Anna Amalia hatte 1756 mit Ernst August II. Constantin einen kränklichen Gatten bekommen, der immerhin noch seine dynastische Pflicht in Form zweier männlicher Nachfolger erfüllte. Schon 1758 verwitwet, übernahm sie gegen diverse Widerstände die Regentschaft bis zur Volljährigkeit ihres Sohnes Carl August 1775. Die braunschweigische Prinzessin von 19 Jahren musste sich rasch als resolute Landesherrin profilieren. Sie steuerte ihr kleines Staatsschiff auch durch die Untiefen des Siebenjährigen Krieges (1756–1763). Anna Amalia musste dabei zwischen ihrem Onkel, König Friedrich dem Großen von Preußen, und dessen Gegnern um den kaiserlichen Hof der Habsburger in Wien lavieren. Innenpolitisch stießen aufklärerische Reformversuche nicht immer auf die Gegenliebe der Bevölkerung. In puncto höfische Repräsentation legte sich die Herzogin wie ihre Vorgänger keine finanziellen Beschränkungen auf.

Anna Amalia steht denn auch in erster Linie wegen ihrer kulturellen Aktivitäten am Beginn des „Goldenen Zeitalters". Sie war Kunst und Kultur gegenüber sehr aufgeschlossen und selbst kreativ tätig. Noch wichtiger aber war ihre „Personalpolitik". Mit Christoph Martin Wieland holte sie den ersten der großen Literaten 1772 als Prinzenerzieher von der Universität Erfurt nach Weimar. Wieland hatte sich hierfür unter anderem mit seinem Roman „Geschichte des Agathon" (1766) empfohlen, der als erster großer Bildungs- und Erziehungsroman der deutschen Literatur gilt. Sein Roman „Der goldene Spiegel" (1772) kann geradezu als pädagogische Handlungsanweisung für den aufgeklärten Absolutismus gelesen werden, die in Weimar bei seinem Schützling Carl August auf fruchtbaren Boden fiel. Mit seinem breiten publizistischen Wirken und der Literaturzeitschrift „Teutscher Merkur" begann der gebürtige Schwabe Weimar in den Mittelpunkt der angestrebten Kulturnation zu rücken.

Die heutige Gedenkstätte Wielandgut Oßmannstedt erinnert an seine Zeit als „poetischer Landjunker" von 1797 bis 1803. Nach dem Vorbild römischer Dichter lebte Wieland mit seiner großen Familie auf dem einstigen Landsitz Anna Amalias. Er übersetzte hier antike Schriften, verfasste Novellen und Romane, gab Zeitschriften heraus und empfing zahlreiche hochkarätige Gäste. Hierzu zählten neben Goethe, Herder und Herzogin Anna Amalia auch Clemens Brentano, Jean Paul und Heinrich von Kleist, die sich von Wieland Anregungen für ihr eigenes Schaffen holten.

Über die Zeit der Regentschaft hinaus entfaltete Anna Amalia in ihrem Wittumspalais, in Schloss Tiefurt und Schloss Ettersburg ein breites kulturell-geselliges Leben, das als „Musenhof" in die Geschichte eingegangen ist. Tiefurt mauserte sich mit Aufführungen von Liebhaberstücken, literarischen Abenden und einer eigenen kleinen Zeitschrift, dem „Journal von Tiefurt", zum kulturellen Anregungsort des Hofes und seiner Gäste. Ähnliches gilt auch für Ettersburg.

Ihrer Erinnerung dient besonders das barocke Wittumspalais, Anna Amalias Witwensitz bis zu ihrem Tod 1807. Es war 1767 als Bürgerhaus am Nordende der Esplanade errichtet worden. Die heutige Schillerstraße entwickelte sich als klassischer Boulevard zur beliebten Flaniermeile entlang der beseitigten Stadtbefestigungen. Ein bleibendes Werk der Regentin ist der Ausbau des Grünen Schlosses zur heute nach ihr benannten Herzogin-Anna-Amalia-Bibliothek (1766). Der verheerende Brand jener international bekannten Bibliothek mit dem berühmten dreigeschossigen Rokokosaal im Jahr 2004 hat den Sinn für deren Bedeutung auf schmerzliche Weise geschärft. Nach umfassender Sanierung präsentiert sie sich heute wieder als historisches Schmuckstück und moderne Forschungsbibliothek.

Die Jahrzehnte von 1775 bis 1832 gingen als Goethezeit in die Geschichte ein, die in der Weimarer Klassik gipfelte.

Die Jahrzehnte des „Goldenen Zeitalters" bezeichnet man auch als „Goethezeit". Den Begriff prägte der Germanist Hermann August Korff in seinem Buch „Der Geist der Goethezeit" (1923). Im weiteren Sinne meint Korff, von der zentralen Dichterpersönlichkeit ausgehend, die Phase der literaturgeschichtlichen Epochen Sturm und Drang, Weimarer Klassik und Romantik etwa zwischen 1770 und 1830, die wiederum in Weimar eines ihrer Epizentren hatten. Mit Blick auf die Stadt an der Ilm selbst könnte man die Goethe-Zeit auch von der Ankunft des Dichters 1775 bis zu dessen Tod 1832 datieren. Dies wiederum fällt weitgehend mit der Regierungszeit von Herzog Carl August zusammen, der 1775 als 18-Jähriger die Amtsgeschäfte von seiner Mutter Anna Amalia übernahm und 1828 verstarb.

Der junge Fürst zog den nur wenig älteren Autor der Sturm-und-Drang-Bestseller „Götz von Berlichingen" (1773) und „Die Leiden des jungen Werthers" (1774) aus dessen Heimatstadt Frankfurt an seine Residenz. Zunächst betrieben die beiden ein ungebundenes Jugendleben ganz im Stile des populären Geniekultes, bewiesen sich selbst als Männer mit „Mark in den Knochen". Carl August fasste eine innige Freundschaft zu Goethe, nahm intensiven Anteil an dessen künstlerischen und naturwissenschaftlichen Interessen.

Der alte Goethe erinnerte sich später mit Wehmut an das Ungestüm seines jungen Herzogs, „ein edler Wein, aber noch in gewaltiger Gärung". Immer wieder zog es beide in die reizvolle Natur rund um Weimar: „Auf Parforcepferden über Hecken, Gräben und durch Flüsse und bergauf bergein sich tagelang abarbeiten und dann nachts unter freiem Himmel kampieren, etwa bei einem Feuer im Walde: Das war nach seinem Sinne. Ein Herzogtum

Goethes Wohnhaus am Frauenplan mit dem Goethe-National-museum ist das Herzstück des klassischen Weimars.

geerbt zu haben, war ihm nichts, aber hätte er sich eins erringen, erjagen und erstürmen können, das wäre etwas gewesen."

In den folgenden Jahrzehnten wurde Weimar zum Schauplatz des allmählichen Wandels Goethes vom jugendlichen Stürmer und Dränger zum gesetzten Klassiker. Die persönliche Freundschaft mit dem Herzog blieb dabei ungebrochen, sie sollte Goethe dauerhaft an die kleine ernestinische Residenz binden. Das ließ sich sein Schirmherr auch einiges kosten. So waren zwei der heute meistbesuchten Goethe-Erinnerungsorte in Weimar, das Gartenhaus im Ilmpark und das Wohnhaus am Frauenplan, Geschenke des Herzogs. Goethe hatte zunächst im späteren Gasthof „Sächsischer Hof" nahe dem Herderplatz Quartier genommen. 1776 zog er in das Gartenhaus im Ilmpark.

1782 hielt er als Mieter im Helmershausenschen Haus am Frauenplan Einzug. 1792 erwarb es der Herzog und schenkte es seinem mittlerweile nobilitierten Minister. Das Gebäude war 1709 als eines der wenigen repräsentativen barocken Bürgerhäuser von einem Kaufmann errichtet worden. Das geräumige Haus mit großzügigem Garten bot Goethe, schon von vielen Zeitgenossen ehrfurchtsvoll als Deutschlands „Dichterfürst" verehrt, samt Familie, Gästen und Bediensteten einen angemessenen Raum und konnte zugleich seine umfangreichen Kunst- und Naturaliensammlungen aufnehmen. Als authentischer Teil des Goethe-Nationalmuseums bildet es heute das Herzstück der Erinnerungskultur im klassischen Weimar.

Der Herzog ermöglichte seinem Freund ein finanziell sorgenfreies Leben und bezog ihn rasch in die Landespolitik mit ein. Zeichen dieser anfangs keineswegs unumstrittenen Integration in den adligen Führungszirkel des Herzogtums war die vom Herzog angebahnte Nobilitierung durch Kaiser Joseph II. 1782. Dies brachte Johann Wolfgang *von* Goethe, der noch im Werther Kritik an der ständischen Gesellschaft mit ihren adligen Vorrechten hatte anklingen lassen, auch schon von einigen Zeitgenossen den Ruf eines Fürstendieners ein. (Auch Schiller und Herder wurden in den Adelsstand erhoben.) Goethe trat im Juni 1776 in den Geheimen Rat des Herzogtums ein, übernahm also praktisch die Funktion eines Ministers. Tagungsort des mit dem Herzog nur vierköpfigen Gremiums war das Rote Schloss zwischen Markt und Fürstenplatz, in dem weitere Behörden wie das Hofmarschallamt, die Justizverwaltung und die Landesdirektion untergebracht waren.

Goethe hatte hier weitreichende Aufgaben von der Ausarbeitung einer Feuerverhütungsvorschrift bis hin zu außenpolitischen Angelegenheiten zu übernehmen. Schritt für Schritt übertrug der Herzog ihm ganze Ressorts wie den Silber- und Kupferbergbau in Ilmenau, die Kriegskommission mit ihren 500 herzoglich-sächsischen Soldaten, die Wegebauverwaltung und Wasserbaukommission. Mit vollem Einsatz erfüllte Goethe nach den ungebundenen Jugendjahren nun die „Pflicht des Tages", wie er es in seinem Bildungsroman „Wilhelm Meisters Wanderjahre" (1821/29) später programmatisch formuliert hat.

Das enge Verhältnis zu seinem Fürsten und die als ethische Weiterentwicklung verstandenen Amtsgeschäfte als „Geheimrat" prägten sowohl die historisch-politische als auch die künstlerische Denkart Goethes. Er trat für evolutionäre Veränderungen im Sinne des aufgeklärten Absolutismus ein und verwarf alle revolutionären Umstürze seiner Zeit, allen voran die Französische Revolution seit 1789. Mit Monarchen wie Anna Amalia, die er eine „vollkommene Fürstin mit vollkommen menschlichem Sinne" nannte, sowie seinem Freund Carl August hoffte Goethe die durchaus als notwendig erkannten Veränderungen des adlig-ständischen Ancien Régime in geordneten Bahnen umsetzen zu können: „Revolutionen sind ganz unmöglich, sobald die Regierungen fortwährend gerecht und fortwährend wach sind, sodass sie ihnen durch zeitgemäße Verbesserungen entgegenkommen und sich nicht so lange sträuben, bis das Notwendige von unten her erzwungen wird." Evolution statt Revolution blieb darüber hinaus eine der weltanschaulichen Grundmaximen Goethes.

Die Entwicklung zur literarischen Klassik kam mit der Italienreise Goethes 1786/88 zum Durchbruch. Leitziel war die ästhetische Erziehung des Menschen zur Humanität, zum „Wahren, Guten und Schönen" durch Kunst und Dichtung. „Edel sei der Mensch / hilfreich und gut!", so heißt es schon im Gedicht „Das Göttliche" 1783. Nicht mehr das ungezügelte Originalgenie des Sturm und Drang, sondern die allseits gebildete, dem Allgemeinwohl dienende Persönlichkeit galt es zu erreichen. Hierin spiegelt sich auch die ganz persönliche Entwicklung Goethes in Weimar. Strenge klassische Formensprache, Harmonie, Ordnung und Ausgewogenheit markieren diesen literarischen Paradigmenwechsel.

Zum beherrschenden Vorbild wurden Kunst und Kultur der griechisch-römischen Antike, die Goethe bei seiner Italienreise begeistert aufgesogen hatte. Einer der wichtigsten Wegbereiter war der Archäologe und Kunsthistoriker Johann Joachim Winckelmann. Winckelmann gilt als Begründer des deutschen Klassizismus und hat für die Kunst der Antike das vielzitierte Diktum von der „edlen Einfalt und stillen Größe" geprägt. Goethe setzte sich intensiv mit den Büchern des „Erfinders der idealen Antike" auseinander und zollte diesem mit der Schrift „Winckelmann und sein Jahrhundert“ (1805) hohen Respekt. Zu den Verfechtern einer vorbildlichen Antike gehörte auch der Schriftsteller Karl Philipp Moritz, zu dem Goethe nach seiner Italienreise engeren Kontakt aufnahm.

Goethe hatte 1786 eine regelrechte „Flucht“ vor seinen amtlichen Verpflichtungen angetreten und sich auch nach seiner Rückkehr aus Italien 1788 auf kulturelle Aufgaben in Weimar konzentriert. Hierzu zählte neben der Universität Jena auch die Herzogliche Bibliothek, die in beachtlichem Maße ausgebaut und systematischer betreut wurde. Die Bibliothek mit dem repräsentativen Rokokosaal Anna Amalias wurde zugleich zum Ort, an dem der „Mythos Weimar“ erstmals greifbaren erinnerungskulturellen Ausdruck gewann. Die Bilder und Büsten der wichtigsten Akteure, Herrscher und Geistesadel, machen den Raum zu einer Art Ahnengalerie des klassischen Weimars. Zugleich begann schon damals ein blühender Handel mit den Gipsbüsten vor allem von Goethe und Schiller, der bis heute floriert. Weimar stellte damit auch früh die Weichen Richtung modernes Marketing und Merchandising.

Das 1791 begründete Hoftheater gelangte unter Leitung Goethes zu beachtlicher Blüte. Er konnte dabei an die Bemühungen von Anna Amalia anknüpfen, die durch wandernde Schauspieltruppen und Liebhaberaufführungen das deutsche Theater in Abkehr von der französischen Adelskultur gefördert hatte. 1771 hatte sie auch die zwischenzeitlich aufgelöste Hofkapelle wieder ins Leben gerufen. Hier liegen die Wurzeln der großen Weimarer Theater- und Musiktradition bis hin zum Deutschen Nationaltheater. Allerdings musste Goethe auch feststellen, dass seine klassischen Werke mit ihrem oft hohen didaktischen Anspruch vom Publikum weniger enthusiastisch aufgenommen wurden als etwa die Boulevardstücke des umstrittenen Erfolgsautors August von Kotzebue, der aus einer angesehenen Weimarer Kaufmanns- und Ratsfamilie stammte. Als Feindbild der Nationalbewegung wurde der als russischer Spion verschriene Kotzebue 1819 ermordet.

Das Zusammenwirken Goethes und Schillers bildet den Kern der Weimarer Klassik.

Die literarische Epoche der Weimarer Klassik wurde aber keineswegs allein von Goethe geprägt. Zu seinem kongenialen Partner entwickelte sich der Schwabe Friedrich Schiller, der mit seinem Drama „Die Räuber" (1782) ebenfalls schon jugendlichen Dichterruhm erlangt hatte. Seit 1789 wirkte er als Professor für Geschichte an der Universität Jena, wo seine Antrittsvorlesung „Was heißt und zu welchem Ende studiert man Universalgeschichte?" für Furore sorgte. Vorerst ging Goethe Schiller jedoch aus dem Weg, zumal beide unterschiedliche Ansätze pflegten: Goethe schöpfte mehr aus der Welt des Sinnlich-Gegenständlichen, Schiller war eher der philosophische Idealist und zudem erklärter Verfechter der Freiheit mit anfänglichen Sympathien für die Französische Revolution. Nach einer Sitzung der „Naturforschenden Gesellschaft" in Jena 1794 kamen beide jedoch ins Gespräch und entwickelten bald einen freundschaftlichen Austausch mit vielen gegenseitigen Besuchen.

Goethe sprach rückblickend von einem „glücklichen Ereignis", das ihn auch aus der Schaffenskrise nach seiner Rückkehr aus Italien befreite. 1799 zog Schiller als freier Autor nach Weimar. An der Esplanade, der heute nach dem großen Dichter benannten Straße, befindet sich das 1777 errichtete Schillerhaus. Hier lebte Schiller von 1802 bis zu seinem Tod. Als Museum zählt es seit 1847 zu den Hauptanziehungspunkten des klassischen Weimars. Das Zusammenwirken der beiden „Dioskuren" Goethe und Schiller bis zum Tod des Letzteren 1805 bildet den Kern der Weimarer Klassik, eine der schöpferischsten Phasen der deutschen Literaturgeschichte. Schiller trug hierzu mit seinen Werken und programmatischen Schriften wie „Über die ästhetische Erziehung des Menschen" wesentlich bei.

Weimar wurde in dieser relativ kurzen Zeitspanne zum Entstehungsort einer Vielzahl von klassischen Werken, zu denen sich

Goethe und Schiller oft gegenseitig anspornten. So entstanden im „Balladenjahr“ 1797 viele der bekanntesten Balladen der beiden Dichter, wie „Der Zauberlehrling“, „Die Braut von Korinth“ und „Der Gott und die Bajadere“ von Goethe sowie „Der Taucher“, „Der Handschuh“, „Der Ring des Polykrates“ und „Die Kraniche des Ibykus“ von Schiller. Sie wurden in dem von Schiller herausgegebenen „Musenalmanach für das Jahr 1798“ veröffentlicht und sollten mit sittlichen Botschaften und klassischer Form die Literatur auf ein höheres Niveau heben. In der Epigrammsammlung „Xenien“ (1797) hatten die beiden „Großen aus Weimar“ zuvor polemische Kritik am deutschen Literaturbetrieb geübt.

Schiller schuf in dieser Zeit zugleich seine Klassiker „Wallenstein“ (1799), „Maria Stuart“ (1800) und „Wilhelm Tell“ (1804). Schon unter südlicher Sonne begann Goethe die Umarbeitung des Schauspiels „Iphigenie auf Tauris“ (1787), das als erstes großes Werk der Weimarer Klassik gilt. Die ambivalente Thematik des modernen Künstlers am Fürstenhof griff er im „Torquato Tasso“ (1790) auf. Auch sein Hauptwerk „Faust“ kann letztlich in den Kanon der Weimarer Klassik gezählt werden, wenngleich sich die Entstehung über Jahrzehnte hinzog. Das Manuskript des „Ur-Faust“ hatte Goethe in Italien wie die „Iphigenie“ in feste Versform gebracht, worauf 1790 „Faust. Ein Fragment“ erschien. Nach Schillers Tod erschien „Faust. Der Tragödie erster Teil“ (1809) und schließlich posthum „Faust. Der Tragödie zweiter Teil“ (1833). Kein anderes Werk der deutschen Literatur ist so oft aufgeführt, interpretiert, übersetzt und von nachfolgenden Autoren adaptiert worden.

Welch hohen Stellenwert das Fürstenhaus seinen Dichtern einräumte, zeigt die 1825 fertiggestellte Fürstengruft auf dem heutigen Historischen Friedhof. Dieser war 1824 zeitgemäß als Neuer Friedhof am südlichen Stadtrand eröffnet worden und ersetzte den innerstädtischen Jakobsfriedhof. In der Fürstengruft wurden neben den sterblichen Überresten der Herzogsfamilie auch die Überreste von Goethe und Schiller zur letzten Ruhe gebettet, was sehr ungewöhnlich war. Schillers Gebeine überführte man hierfür

1827 vom Jakobsfriedhof, woran Goethes persönlicher Nachruf in Form des Gedichtes „Bei Betrachtung von Schillers Schädel“ erinnert. 1832 folgte dann der Dichterfreund an dessen Seite.

Schillers Sarkophag ist heute allerdings leer. Eine wissenschaftliche Untersuchung hat 2008 erwiesen, dass man seinerzeit die falschen Gebeine ausgewählt hatte. Damit fand ein skurriles Kapitel klassischer Erinnerungskultur sein Ende: 1826 war aus dem verwahrlosten Kassengewölbe des Jakobskirchhofs der vermeintlich schillersche aus 23 infrage kommenden Schädeln ausgewählt und zunächst in die Herzogliche Bibliothek verbracht worden. Dort wurde er im Fuße der Schillerbüste im Rokokosaal schreinartig aufbewahrt. Vor der Überführung in die Fürstengruft, für die man ein Skelett zusammengestellt hatte, behielt Goethe den Schädel für einige Zeit in seinem Haus. 1883 wurde erstmals die Echtheit infrage gestellt, 1911 bettete man sogar einen weiteren vermeintlich echten Schädel in den Sarkophag. Das Kulturhauptstadtjahr 1999, das viele erinnerungskulturelle Verkrustungen aufbrach, gab schließlich den Impuls für die endgültige Klärung der Schädel-Frage. Ob der „echte Schiller“ nach wie vor auf dem Jakobsfriedhof ruht, muss vorerst offenbleiben.

Das klassische Weimar wurde von vielen weiteren Künstlern und Kreativen geprägt, wie Herder, Falk und Bertuch.

Goethes Freund Johann Gottfried Herder wurde 1776 von Herzog Carl August als Generalsuperintendent und Hofprediger nach Weimar berufen. Er gilt als einer der einflussreichsten Denker der Zeit und Begründer der modernen Kulturgeschichte. Hierfür steht besonders sein Werk „Ideen zur Philosophie der Geschichte der Menschheit“ (1784/91). Im Geiste eines aufgeklärten Humanismus plädierte Herder für die gleichberechtigte Wertschätzung aller Kulturen aus Vergangenheit und Gegenwart. Hierfür entfaltete er zugleich eine umfangreiche Herausgeber- und Übersetzungstätigkeit. Am bekanntesten ist die Sammlung „Stimmen der Völker in

Liedern“ (1775/1807). Nicht zuletzt mit seiner großen Verehrung Shakespeares verlieh er Goethe wichtige Impulse. In seinem eigentlichen Aufgabengebiet versuchte Herder ein humanes Christentum zu vermitteln. Wichtigster Erinnerungsort ist das Superintendentur-Gebäude neben der heute nach ihm benannten Kirche, in der Herder 1803 seine letzte Ruhestätte fand.

Neben dem „Viergestirn“ Goethe, Schiller, Herder und Wieland bereicherten zahlreiche weitere Künstler und Wissenschaftler das Kulturleben. Hierzu zählten regelmäßige Besucher, wie etwa die Brüder Wilhelm und Alexander von Humboldt. Nachhaltige Prägungen verliehen der ambitionierten Kulturstadt aber auch eine Reihe von Ortsansässigen und Zugezogenen. So gilt Friedrich Justin Bertuch als wichtigster Unternehmer und Verleger des klassischen Weimars. Er verkörperte den modernen Managertyp, der mit seinem „Landes-Industrie-Comptoir“ das erste echte Großunternehmen mit bis zu 450 Beschäftigten aufbaute. Dort wurden diverse Produkte von Mode- und Luxusartikeln, Landkarten, Spielzeug bis hin zu Kachelöfen hergestellt und vertrieben. Bertuch wollte nicht zuletzt die schwache einheimische Wirtschaft, besonders das Handwerk, beleben. 1775 brachte er die von Herzogin Anna Amalia begründete Zeichenschule auf den Weg, die ähnlichen Zielen diente. Aus ihr gingen alle späteren Kunstschulen bis hin zum Bauhaus und der heutigen Bauhaus-Universität hervor. Bertuchs monatliche Zeitschrift „Journal des Luxus und der Moden“ gilt als eine der ersten Illustrierten, die großen Einfluss auf die Geschmacksbildung gewann. Mit der „Allgemeinen Literaturzeitung“ und als Teilhaber von Wielands „Teutschem Merkur“ verlegte er auflagenstarke Fachorgane, die Weimars Ruf als Kulturmetropole nachhaltig beförderten. Das ansehnliche Wohnhaus des Multitalents, der sich auch als Übersetzer des „Don Quijote“ und als Gartengestalter verdient machte, bietet heute als Bertuch-Haus dem 1903 gegründeten Stadtmuseum Weimar einen würdigen Rahmen.

Goethe zog 1775 den ebenfalls aus Frankfurt stammenden Maler Georg Melchior Kraus nach Weimar, der dort die aufblühende Zeichenschule leitete. Ihm verdanken wir viele Ansichten des klassischen Weimars und seiner Protagonisten. Nach seiner Italienreise konnte Goethe den Schweizer Maler Heinrich Meyer für die Zeichenschule gewinnen. Eine bedeutende Rolle im höfischen Kulturleben spielte auch die ebenfalls 1776 von Goethe nach Weimar gelotste Sängerin und Schauspielerin Corona Schröter. In Goethes Liebhabertheater übernahm sie viele Rollen und stand mit ihm mehrfach auf der Bühne. Kraus hat die beiden in einem seiner berühmtesten Gemälde als Iphigenie und deren Bruder Orest festgehalten.

Von großer Bedeutung für das dichterische Werk Goethes früher Weimarer Jahre ist eine der Hofdamen von Herzogin Anna Amalia. Charlotte von Stein wurde von Goethe, obwohl fast sieben Jahre älter und Mutter von sieben Kindern, stürmisch verehrt. In Hunderten von Briefen ist ihre innige Beziehung dokumentiert. Immer wieder hat man das gesellschaftlich pikante Verhältnis auf seinen Charakter hinterfragt, Goethe sogar eine Affäre mit der Herzogin angedichtet, die Frau von Stein vermittelt haben soll. Jene seit Generationen die Fantasie beflügelnde Beziehung ist für viele poetische Glanzstücke verantwortlich.

Nach der Italienreise Goethes und spätestens mit der Heirat seiner nicht „standesgemäßen" Lebensgefährtin Christiane Vulpius 1806 kühlte sich das Verhältnis allerdings ab. Charlotte von Stein wohnte nur einen Steinwurf vom Frauenplan entfernt im barocken Haus Ackerwand 25. Es zählt heute als „Haus der Frau von Stein" zu den obligatorischen Sehenswürdigkeiten, auch wenn es nicht zur Klassik Stiftung gehört. Als Familienbesitz der Steins zog es Goethe auch häufig nach Großkochberg südlich von Weimar mit seinem malerischen Schloss und dem kleinen Liebhabertheater. Dieser historischen Spur kann man auf dem 28 Kilometer langen Goethe-Wanderweg von Weimar nach Großkochberg folgen.

Neben der Frau von Stein zählte die Hofdame Luise von Göchhausen zum geselligen Kulturzirkel der Herzogin. Ihre Salons wurden von der Kulturelite Weimars samt Goethe gerne besucht. 1823 kam Johann Peter Eckermann nach Weimar, um wie viele andere als enthusiastischer Verehrer Goethe seine Aufwartung zu machen. Bis zu dessen Tode erledigte er fortan als geradezu sprichwörtlicher Gehilfe editorische und archivalische Aufgaben. Goethe selbst sah in Eckermann einen wichtigen Anreger für sein Spätwerk. Seine „Gespräche mit Goethe in den letzten Jahren seines Lebens" (1836–48) gehören heute zu den meistzitierten biografischen Quellen.

Weimar stand als bedeutende Kulturstadt im thüringischen „Land der Residenzen" keineswegs allein. Eng mit seiner Blütezeit verbunden war etwa das Wirken des letzten kurmainzischen Statthalters Karl Theodor von Dalberg in Erfurt. Dalberg, später Fürstprimas des Rheinbundes, zog die Größen Weimars um Goethe und Schiller regelmäßig in seine Statthalterei am Hirschgarten, pflegte die Akademie gemeinnütziger Wissenschaften zu Erfurt, versuchte im Sinne der Aufklärung die dortige Universität neu zu beleben und der allgemeinen Wohlfahrt aufzuhelfen. Als Anna Amalia vergleichbare Vertreterin eines kulturell ambitionierten aufgeklärten Absolutismus gilt die Herzogin Luise Dorothea von Sachsen-Gotha-Altenburg, deren Werk ihr Sohn Herzog Ernst II. fortsetzte. Gotha galt lange als die kultivierteste Residenz in Thüringen, der Weimar wichtige Impulse verdankte.

In der Goethezeit fand auch die Weimarer Residenzlandschaft mit ihren Schlössern und Parks ihre charakteristische Ausprägung.

Das Weichbild von Weimar wird wesentlich von den Schlössern und Parks entlang des Grünzugs an der Ilm von Schloss Tiefurt im Norden bis Belvedere im Süden geprägt. In der Mitte thront das wuchtige Residenzschloss am Rande der Altstadt. Hinzu kommen der Schlosspark Ettersburg am Nordhang des Ettersberges und etwas weiter entfernte Gartenparadiese wie die Dornburger Schlösser oberhalb der Saale nördlich von Jena. Zwar gehen mit Ausnahme des Residenzschlosses die meisten Bauwerke in die Zeit vor dem „Goldenen Zeitalter" zurück, doch erfolgte erst jetzt die Ausformung dieses reizvollen Landschaftsgartens von beachtlicher Ausdehnung.

Der Park an der Ilm als Herzstück dieser Residenzlandschaft entstand von 1778 bis 1828. Der gebräuchliche Name Goethepark verweist dabei auf den großen Anteil des vielseitig begabten „Dichterfürsten". Als Vorbild diente die Dessau-Wörlitzer Gartenlandschaft. Zeitgleich mit dem Beginn des „Goldenen Zeitalters" in Weimar hatte in Dessau Fürst Leopold III. Friedrich Franz 1758 die Regentschaft angetreten. „Fürst Franz" führte das kleine Land Anhalt-Dessau zu höchster Blüte. Seine bedeutendste Schöpfung ist der Wörlitzer Park. Dieser entstand seit 1769 in Abkehr von der strengen geometrischen Formensprache des französischen Barockgartens. An ihre Stelle traten der Englische Landschaftsgarten und der aufkommende Klassizismus mit seinem Rückgriff auf die Antike. Schloss Wörlitz gilt als Gründungsbau des deutschen Klassizismus, eingebettet in den ersten Englischen Garten auf dem Kontinent. Wichtige Impulse hierfür hatten Fürst Franz und sein Architekt Friedrich Wilhelm von Erdmannsdorff durch die enge Bekanntschaft mit Johann Joachim Winckelmann in Rom 1765 erhalten.

Goethe, der sich bei Besuchen mit dem Herzog in Wörlitz „wie im Märchen" fühlte, folgte diesem Kurswechsel vom Barock zum Klassizismus, vom geometrischen Barockgarten zum naturnahen Landschaftspark. Dies korrespondierte mit seinen Vorstellungen einer literarischen Klassik und eines aufgeklärten Absolutismus. Die alten barocken Schlossgärten wie der „Stern" und der „Welsche Garten" wurden umgestaltet und ausgehend vom Bereich um Goethes Gartenhaus auch der östliche Talhang und die Flussaue bis Oberweimar in den Park einbezogen. Die vom Herzog intensiv mitbeförderte, weitläufige Anlage weist zahlreiche Sichtachsen

Das Römische Haus im Park an der Ilm steht für den kulturgeschichtlichen Wandel vom Barock zum Klassizismus und englischen Landschaftspark.

auf, die markante Punkte wie Goethes Gartenhaus, das Römische Haus und das Borkenhäuschen ebenso miteinander verknüpfen wie Blickfänge außerhalb des Parks. Zahlreiche Denkmale machen den Park zugleich zum historischen Erinnerungsort. Der Gedenkstein für Fürst Franz von Dessau bildet dabei die Referenz vor dem aufgeklärten Wegbereiter des modernen Landschaftsparks.

Von 1815 bis 1830 wurde der südlich an den Ilmpark anschließende Park um Schloss Belvedere ebenfalls im neuen Zeitgeist umgestaltet. Hier entstand ein Landschaftspark nachklassisch-romantischer Prägung. Viele Denkmale und Architekturelemente verströmen den Geist des klassischen Weimars und seiner Protagonisten. Als Sitz des Prinzen Friedrich Ferdinand Constantin, jüngerer Bruder Carl Augusts, und seit 1781 als Sommersitz der Herzoginwitwe Anna Amalia erfuhr auch das einstige Pächterhaus Tiefurt seine Umgestaltung zum Schlösschen mit reizvollem Landschaftspark, der sich an einen Bogen der Ilm anschmiegt.

Symbol des Klassizismus im neuen Landschaftspark wurde zunächst das vom Herzog als persönliches Refugium 1790 bis 1797 errichtete Römische Haus im Park an der Ilm. Ihm folgte aus unerfreulichem Anlass der klassizistische Musterbau des neuen Residenzschlosses. Unmittelbar vor Goethes Eintreffen in Weimar war 1774 die Wilhelmsburg niedergebrannt, woraufhin der Hof in das benachbarte „Fürstenhaus" umzog. Dieses war unmittelbar zuvor als repräsentativer Behördenbau fertiggestellt worden und diente später den Weimarer bzw. Thüringer Landtagen und seit 1951 der Musikhochschule als Heimstatt. Nur der als „Bastille" bekannte Torbau mit dem Schlossturm (Hausmannsturm) blieb erhalten. Das an der Stelle der Wilhelmsburg errichtete heutige Residenzschloss bekam nicht zuletzt durch das Wirken Goethes eine klare klassizistische Form in Fassade und Innenausstattung. Der Ost- und Nordflügel der ursprünglich nach Süden offenen, U-förmigen Anlage entstand 1789 bis 1803 unter Goethes Leitung vorwiegend durch Heinrich Gentz. 1832 bis 1835 folgte unter Leitung von Oberbaudirektor Clemens Wenzeslaus Coudray der Westflügel.

Goethe ließ zugleich sein eigenes Wohnhaus nach der Schenkung durch den Herzog 1794 großzügig klassizistisch umbauen. Neben zahlreichen Kunstwerken steht hierfür besonders die dreiläufige Treppenanlage mit ihren Skulpturennischen und Stuckfriesen nach antikem Vorbild. Viele Hauseigentümer und Bauherren eiferten diesem Vorbild nach. Besonders eindrucksvoll lässt sich dies heute mit der Eingangshalle des Stadtmuseums im Bertuch-Haus erleben. Die mit alledem weit über die Literatur hinaus auch in Architektur und Gartengestaltung umgesetzte Weimarer Klassik ist ein weiterer bedeutender Beitrag „Ilm-Athens" zur deutschen Kulturgeschichte.

Weimar besaß mit der Universitätsstadt Jena ein korrespondierendes Kulturzentrum in direkter Nachbarschaft.

Die benachbarte Universitätsstadt Jena stellte ein korrespondierendes Zentrum der kulturellen Blütezeit dar. Goethe sah

„Jena und Weimar wie die zwei Enden einer großen Stadt", die in vielerlei Hinsicht aufeinander bezogen waren und sich befruchteten. Besonders nach seiner Italienreise pflegte der Geheimrat zudem sehr viel stärker seine naturwissenschaftlichen Interessen, wobei ihm Jena entsprechende Kontakte bot. Mit der Entdeckung des menschlichen Zwischenkieferknochens analog zur Tierwelt 1784 hatte er bereits einen wichtigen Beitrag zur vergleichenden Anatomie geleistet und damit fast ein Jahrhundert vor Charles Darwin auf die Evolutionstheorie vorausgedeutet. Auch botanische Untersuchungen, etwa seine auf der Idee einer „Urpflanze" aufbauende Schrift „Die Metamorphose der Pflanzen" (1790), nahmen breiten Raum ein. Am höchsten schätzte Goethe seine 1810 veröffentlichte „Farbenlehre" ein, die allerdings auf wenig Resonanz traf und von der Forschung widerlegt wurde.

Jena war ein früher Schwerpunkt der Philosophie des Deutschen Idealismus, die stark auf das allgemeine Geistesleben der Zeit einwirkte. Hier lehrten um 1800 die Philosophen Johann Gottlieb Fichte, Friedrich Wilhelm Schelling und Georg Wilhelm Friedrich Hegel. Die literarische Frühromantik fand in dem Jahrzehnt um die Jahrhundertwende mit dem Wirken eines Kreises junger Intellektueller um August Wilhelm und Friedrich Schlegel, Ludwig Tieck, Clemens Brentano und Novalis an der Saale ihren Höhepunkt. Aber auch die Naturwissenschaften nahmen an der großzügig geförderten Universität einen sichtbaren Aufschwung, die zu jener Zeit die am stärksten frequentierte des Reiches war.

Seit dem frühen 19. Jahrhundert nahm man das Weimar Goethes international als Zentrum deutscher Kultur wahr, das zur regelrechten Pilgerstätte wurde.

Heute spricht man in Anknüpfung an Goethe von der „Doppelstadt" oder dem „Ereignis Weimar-Jena", bei dem es in den Jahrzehnten um 1800 zu einer einmaligen Verdichtung kultureller Leistungen kam. Die Schlagworte Weimarer Klassik, Jenaer

Goethes Gartenhaus im Park an der Ilm wurde schon zu Lebzeiten des Dichters ein Pilgerziel der zu internationaler Bekanntheit aufsteigenden Kulturstadt.

Frühromantik oder Deutscher Idealismus beschreiben dabei nur die wichtigsten Phänomene. Die aufgeklärte Monarchie Weimars ermöglichte den Dichtern und Denkern einen intensiven und freimütigen Austausch. Dies gilt als ein Höhepunkt der Aufklärung, der der bürgerlichen Gesellschaft des 19. Jahrhunderts wesentliche Impulse verliehen hat. Seine Protagonisten, allen voran Goethe und Schiller, wurden zu Leitfiguren der Kulturnation. Während heute meist Goethe als bedeutendster Literat gilt, stand ihm Schiller im 19. Jahrhundert als Freiheits- und Nationaldichter kaum nach. Das Schillerfest anlässlich seines 100. Geburtstages 1859 war das größte Fest, das jemals zu Ehren eines Dichters begangen wurde.

Das Bedürfnis nach einer Kulturmetropole im föderalen Deutschland hat man dabei an der Ilm bewusst aufgegriffen und eifrig mit am „Mythos Weimar" gestrickt. Der Begriff vom „Ilm-Athen" oder „Athen von Deutschland" soll um 1800 durch den in

Weimar und Jena wirkenden Arzt Christoph Wilhelm Hufeland geprägt worden sein. Auch Goethe selbst hat zur Überhöhung Weimars und seiner eigenen Persönlichkeit nicht wenig beigesteuert. Mit ihrem maßgeblichen Beitrag zur Schaffung einer deutschen Nationalliteratur sah man die Weimarer Klassiker auch in einer Linie zur Leistung Luthers auf der Wartburg und der Fruchtbringenden Gesellschaft. Dies hat wesentlich mit dazu beigetragen, dass sich ganz Thüringen im kollektiven Gedächtnis als eine einzigartige Kulturlandschaft zwischen Reformation und Goethe-Zeit etablieren konnte. Darüber hinaus kann man das „Goldene Zeitalter" als Kristallisationskern betrachten, an den sich die Leistungen von der Landgrafenzeit bis zum Bauhaus anlagern, die Thüringen als ein „Kernland deutscher Kultur" mit Weimar als dessen glanzvollen Mittelpunkt erscheinen lassen.

Dem Ruf Weimars als *die* deutsche Kulturstadt international wesentlich mit zum Durchbruch verholfen hat das 1813 in London erstmals erschienene und in viele Sprachen übersetzte Buch der französischen Schriftstellerin Germaine de Staël „De l'Allemagne" („Über Deutschland"). Es machte die Klassikerstadt und ihre Protagonisten vor allem in Frankreich und Großbritannien populär. Madame de Staël lobte Carl Augusts aufgeklärten, kunstsinnigen Kleinstaat und schwärmte von Weimar als „literarisch-gelehrter Hauptstadt" Deutschlands vor Berlin und Wien. Zuvor hatten bereits Symbolakte wie der Empfang Goethes und Wielands durch Napoleon 1808 beim Erfurter Fürstenkongress für Aufsehen gesorgt, als beide Dichter mit dem Kreuz der Ehrenlegion ausgezeichnet wurden. Viele deutsche Zeitgenossen sahen hierin die Ebenbürtigkeit mit den großen Nationalstaaten Europas zumindest im Bereich der Kultur gegeben, während der Wunsch nach nationaler Einheit noch unerfüllt blieb. Umgekehrt wuchs im Ausland das Interesse an deutscher Kultur, das sich nicht zuletzt im nun einsetzenden Pilgerstrom nach Weimar niederschlug.

V. „Silbernes Zeitalter"

Kulturelle Spätblüte und Pflege des kulturellen Erbes

Das „Goldene Zeitalter" Weimars war über weite Strecken parallel zu einschneidenden historischen Veränderungen in Deutschland und Europa verlaufen. Die Französische Revolution seit 1789 beseitigte die absolute Monarchie der Bourbonen und leitete eine soziale und politische Umgestaltung von welthistorischer Bedeutung ein. Das wirtschaftlich erstarkte Bürgertum legte auf der Grundlage von Aufklärung und Liberalismus das Fundament für einen modernen Nationalstaat mit Verfassung, Rechtsstaatlichkeit und Marktwirtschaft. Die Grundgedanken der Revolution erfassten viele Länder Europas und in Übersee.

Deutschland blieb von dieser Entwicklung nicht unberührt. Geistesgrößen wie der Jenaer Prof. Schiller begrüßten die Veränderungen in Frankreich zumindest bis zur Hinrichtung König Ludwigs XVI. und der folgenden Schreckensherrschaft unter Robespierre 1793/94. Der erfolgreiche Feldherr Napoleon Bonaparte erklärte mit dem Staatsstreich 1799 die Revolution für beendet und krönte sich 1804 zum Kaiser der Franzosen. Anfangs auch in Deutschland für viele ein Hoffnungsträger, wurde er mit der französischen Fremdherrschaft bis 1813 zum erbitterten Feindbild und beschleunigte die Entstehung einer deutschen Nationalbewegung.

Weimar wurde von den Entwicklungen der Französischen Revolution und Napoleonischen Zeit intensiv erfasst.

Die Revolutionskriege bzw. Napoleonischen Kriege hatten seit 1792 massiv auf Deutschland eingewirkt. Die Truppen

Frankreichs waren den Söldnerheeren Österreichs, Preußens und seiner Verbündeten überlegen und erlangten unter der Führung Napoleons geradezu den Nimbus der Unbesiegbarkeit. Am Beginn stand die legendäre Kanonade von Valmy am 20. September 1792, die den Vormarsch der antifranzösischen Koalition stoppte. Goethe war als Begleiter seines Herzogs Carl August Beobachter des Geschehens. Er will laut seinem späteren autobiografischen Bericht „Kampagne in Frankreich" am abendlichen Lagerfeuer die prophetischen Worte gesagt haben: „Von hier und heute geht eine neue Epoche der Weltgeschichte aus, und ihr könnt sagen, ihr seid dabei gewesen."

Im Frieden von Lunéville 1801 musste das Reich das linke Rheinufer an Frankreich abtreten. Die betroffenen Fürsten wurden 1803 durch die Säkularisation der geistlichen Fürsten und die Mediatisierung der kleineren Reichsstände und Reichsstädte entschädigt. 1806 schlossen sich die meisten süd- und westdeutschen Länder unter Napoleons Protektorat im Rheinbund zusammen, kurz darauf wurde das 1.000-jährige Heilige Römische Reich Deutscher Nation aufgelöst. Die großen Umwälzungen erfassten auch Thüringen. Schon 1802 hatte sich Preußen große Gebiete mit Erfurt und dem Eichsfeld gesichert, wodurch Weimar einen neuen Nachbarn erhielt. In der Nähe Weimars fand auch die Entscheidungsschlacht zwischen Frankreich und Preußen statt. Am 14. Oktober 1806 konnte Napoleon bei Jena und Auerstedt den Preußen eine vernichtende Niederlage beibringen.

Waren die thüringischen Kleinstaaten bisher ungeschoren davongekommen, schien nun besonders für das Herzogtum Sachsen-Weimar-Eisenach die letzte Stunde zu schlagen. Carl August erklärte nach der Jenaer Schlacht ohne große Hoffnung: „Herzog von Weimar und Eisenach wären wir einstweilen gewesen." Er hatte ein Bündnis mit Preußen abgeschlossen und selbst an der Schlacht teilgenommen. Letztlich dürfte es neben dem tapferen Auftreten der Herzogin Luise gegenüber Napoleon vor allem die verwandtschaftliche Beziehung zum russischen Zaren gewesen sein

– Carl Augusts Schwiegertochter war die Zarenschwester Maria Pawlowna –, die das Herzogshaus rettete. Weimar trat darauf zusammen mit den anderen ernestinischen Herzogtümern Ende 1806 dem Rheinbund bei.

Im September und Oktober 1808 stand Thüringen mit dem Erfurter Fürstenkongress erneut im weltpolitischen Fokus. Als Napoleon in seiner „kaiserlichen Domäne“ 35 Monarchen einschließlich Zar Alexander I. von Russland um sich versammelte, befand er sich auf dem Zenit seiner Machtentfaltung. Mit großer Pracht präsentierte er sich als Herr Europas. Am 2. Oktober kam es zum legendären Treffen des Kaisers mit Goethe in der ehemaligen kurmainzischen Statthalterei am Hirschgarten. Das spektakulärste Ereignis fand auf dem Schlachtfeld bei Jena statt. Herzog Carl August richtete am 7. Oktober 1808 auf dem Windknollen eine pompöse Festlichkeit für Napoleon und den Zaren aus, die Goethe organisieren musste. Manchem Zeitgenossen dürfte dieses Spektakel wenig gefallen haben. Am Vortag hatte bereits Schloss Ettersburg die opulenteste Jagdveranstaltung aller Zeiten erlebt. Am Abend folgten noch Theaterbesuch und Hofball in Weimar.

Der vom französischen Kaiser zelebrierte Fürstenkongress markierte jedoch auch einen Wendepunkt. Mit dem Aufstand in Spanien 1808 hatte Napoleons Nimbus einen ersten Kratzer bekommen. Zugleich verfehlte er sein Hauptziel, den Zaren zu einem festen Bündnis zu bewegen. So leitete der Russlandfeldzug 1812 die Entscheidung gegen Napoleon ein. Während der Befreiungskriege unterlag er den alliierten Truppen im Oktober 1813 in der Völkerschlacht bei Leipzig und musste im April 1814 abdanken. Nach der Verbannung auf Elba noch einmal zurückgekehrt, verbannte man Napoleon nach der Niederlage bei Waterloo im Juni 1815 nach St. Helena, wo er 1821 verstarb.

Die Napoleonische Zeit beförderte die gesellschaftliche Modernisierung, blieb aber vor allem als gewaltsame Fremdherrschaft in Erinnerung.

Die napoleonische Epoche gab Weimar wichtige Anstöße für Reformen, wie sie Herzog Carl August und sein Minister Goethe durchaus für nötig erachteten. So sollte ähnlich wie in Preußen dem gebeutelten Kleinstaat aufgeholfen werden. Die Entwicklung ging nun verstärkt in Richtung eines modernen Verfassungsstaates. In Weimar setzte Kanzler Friedrich von Müller entsprechende Maßnahmen um, wobei auch den Städten neue Verfassungen gegeben wurden, darunter 1810 Weimar. Die Judenemanzipation und Gewerbefreiheit machten ebenso Fortschritte wie die öffentliche Meinungsbildung durch Zeitungen und Zeitschriften.

Das Verhalten der Weimarer gegenüber den Franzosen bewegte sich dabei von Anpassung und Kollaboration bis hin zu Ablehnung und Widerstand. Dies lag auch an den Erfahrungen im Alltag. So ging es den Unterschichten bisweilen gar nicht schlecht, während die wohlhabenden Bürger und die Kommune zunehmend verarmten. Das später von der nationalen Geschichtsschreibung gezeichnete, finstere Bild der „Franzosenzeit“ bedarf also einer gewissen Differenzierung. Dennoch blieb die Zeit vor allem als französische Fremdherrschaft in Erinnerung. Nicht nur Goethe empfand die Ereignisse ab 1806 als „gewaltsame Unterbrechung“ der „langen Friedensepoche“, in der die Weimarer Kultur aufgeblüht war.

Schon die erste Berührung mit den Franzosen rund um die Schlacht von Jena und Auerstedt hatte Zerstörung und Tod gebracht. Noch am 14. Oktober 1806 erfolgte die Heimsuchung durch die französische Armee, die Goethe in seinem Tagebuch andeutet: „Abends um fünf Uhr flogen die Kanonenkugeln durch die Dächer. Um halb sechs Einzug der Chasseurs. Sieben Uhr Brand, Plünderung, schreckliche Nacht.“ Beinahe wäre er dabei neben vielen anderen Zivilisten, wie etwa dem Maler Kraus, in seinem Haus marodierenden Soldaten zum Opfer gefallen. Aus Dank für ihren tapferen Einsatz heiratete Goethe fünf Tage später seine Lebensgefährtin Christiane Vulpius. Es folgten Jahre mit ständigem Durchzug von Armeen, mit Einquartierungen und Abgabenlasten. Die Kleinstaaten hatten im Rahmen des Rheinbundes

Tausende Soldaten zu stellen, von denen die Mehrzahl ihre Heimat nie wiedersah.

Sachsen-Weimar-Eisenach trat nach langem Zögern im November 1813 dem antinapoleonischen Bündnis bei. Damit sicherte es sich seinen Fortbestand. Freiwillige, vor allem aus dem Bürgertum, meldeten sich zu den Waffen. Diese Stimmung grassierte auch unter der Weimarer Jugend. Auf wenig Verständnis traf es daher, dass der Weltbürger Goethe als Verächter nationaler Aufwallungen das Schreiben von Kriegsliedern lieber einem Theodor Körner überließ und seinem Sohn August das Ausrücken in die Befreiungskriege verbot. Auch Napoleon wandelte sich in der zeitgenössischen Wahrnehmung nun zum „blutdürstigen Tyrannen". Nur wenige Deutsche sollten ihre Bewunderung nie ablegen. Einer von ihnen war Goethe, der im „großen Korsen" den Überwinder der Revolution und genialen Ordner Europas sah. Das Erfurter Treffen von 1808 zählte er zu den Höhepunkten seines Lebens.

1815 wurde Weimar Hauptstadt des erweiterten Großherzogtums Sachsen-Weimar-Eisenach.

Das Ende der Napoleonischen Zeit brachte nicht das von der liberalen Nationalbewegung erhoffte einige deutsche Vaterland. Stattdessen trat 1815 auf dem Wiener Kongress der Deutsche Bund ins Leben, ein relativ loser Staatenbund aus 35 Monarchien und vier freien Städten. Die Großmächte Preußen und Österreich konkurrierten weiter um die Vorherrschaft. Die Veränderungen im übrigen Deutschland seit 1803 wurden größtenteils bestätigt. In Thüringen konnten sich die wettinischen, schwarzburgischen und reußischen Kleinstaaten über alle Flurbereinigungen hinüberretten, was nunmehr eine ausgesprochene Besonderheit darstellte.

Auch die Ambitionen des Weimarer Herzogs fanden in Wien letztlich keine Erfüllung. Er hatte auf größere Machtgewinne und sogar auf die sächsische Königskrone gehofft, war doch sein albertinischer Verwandter in Dresden, König Friedrich August I., bis zur Leipziger Völkerschlacht Napoleon treu geblieben. Immerhin wurde Carl August zum Großherzog erhoben und konnte erhebliche Gebietserweiterungen erreichen, wie den vormals kursächsischen Neustädter Kreis, die kurmainzische Herrschaft Blankenhain, fuldaisches Gebiet um Dermbach und Geisa sowie kurhessisches Gebiet um Vacha und Frauensee. Damit stieg das Großherzogtum Sachsen-Weimar-Eisenach zum dominierenden Kleinstaat in Thüringen auf.

In der Kleinstaatenwelt kam es im weiteren Verlaufe zu Veränderungen, die nach wie vor dynastischen Zufällen geschuldet waren. Eine letzte große Erbteilung der ernestinischen Lande 1826 wurde ausgelöst durch das Aussterben des Hauses Sachsen-Gotha-Altenburg. Bis 1918 bestanden danach neben dem Großherzogtum Sachsen-Weimar-Eisenach die Herzogtümer Sachsen-Coburg und Gotha, Sachsen-Meiningen und Sachsen-Altenburg. Seit Mitte des 19. Jahrhunderts residierten nach einer letzten Umstrukturierung in Ostthüringen die Fürsten von Reuß jüngere Linie (Gera) und Reuß ältere Linie (Greiz). Abgerundet wurde das bunte Bild von den Fürstentümern Schwarzburg-Rudolstadt und Schwarzburg-Sondershausen. Der Großteil des übrigen Thüringens ging 1815 endgültig im Königreich Preußen mit seinem Regierungsbezirk Erfurt auf. Das jetzt in drei große Gebietsteile (Eisenach, Weimar, Neustadt) und weitere Exklaven gegliederte Großherzogtum Sachsen-Weimar-Eisenach besaß Grenzen zu allen übrigen Kleinstaaten und preußischen Territorien.

Sachsen-Weimar-Eisenach galt im 19. Jahrhundert als liberal und gab der deutschen Nationalbewegung wichtige Impulse.

Trotz der kleinstaatlichen Zersplitterung bezog der Weg in die Moderne des 19. Jahrhunderts wichtige Impulse aus Thüringen, nicht zuletzt aus Weimar. Die Entwicklung des liberalen Verfassungsstaates und die Nationalbewegung fanden hier ein günstiges Klima. So bildete Sachsen-Weimar-Eisenachs „Grundgesetz“ von 1816 die erste moderne Verfassung im Deutschen Bund. Obwohl noch mit landständischen Elementen versehen, sicherte es dem in Rittergutsbesitzer, Bürger und Bauern aufgeteilten Weimarer Landtag Teilhabe an der Gesetzgebung, das Steuerbewilligungsrecht, Pressefreiheit und Gleichheit vor dem Gesetz.

Hinter der Verfassung stand Ernst Christian August von Gersdorff. Mit Unterstützung von Großherzog Carl August leitete der liberale Staatsminister zugleich Reformen ein, die den Übergang von der altständischen hin zur modernen bürgerlichen Gesellschaft voranbrachten. Gleichwohl zeigten die viel diskutierten fürstlichen Vorrechte, wie steuerfreier Grundbesitz (Domänen) oder Jagdprivilegien, auch die Grenzen der Reformbereitschaft.

Eine zentrale Forderung, die zunächst vor allem gelehrte Kreise des Bürgertums, bald aber immer größere Teile der Bevölkerung stellen sollten, war die nach einem einigen deutschen Vaterland. Die liberale Nationalbewegung verstand den Nationalstaat als äußere Form, in der ihre Vorstellungen eines modernen Verfassungs- und Rechtsstaats verwirklicht werden sollten. August Heinrich Hoffmann von Fallerleben formulierte dies 1841 klar in seinem „Lied der Deutschen“ mit der Forderung nach „Einigkeit und Recht und Freiheit“. Die Ansichten über das künftige Deutschland waren dabei keineswegs einheitlich. Die „nationale Frage“ konnte durch Preußen auf „kleindeutschem“ Wege oder unter Einschluss Österreichs auf „großdeutschem“ Wege gelöst werden. Ob man sich eine Monarchie oder eine Republik wünschte, hing vom jeweiligen politischen Standpunkt ab.

Schon während der Napoleonischen Zeit hatte Sachsen-Weimar-Eisenach zu den Zentren der antifranzösischen Nationalbewegung gehört. An der Universität Jena verbreiteten die Professoren Heinrich Luden, Dietrich Georg Kieser, Lorenz Oken und Jakob Friedrich Fries nationales Gedankengut. Als Ausgangspunkt der Burschenschaftsbewegung gilt die Jenaer „Urburschenschaft“ von 1815, die die herkömmliche Gliederung in Landsmannschaften vermied. Als ihre Farben wählte sie die Uniformfarben des Lützowschen Freikorps Schwarz-Rot-Gold. Die Jenaer Burschenschaft gab auch die Anregung für das Wartburgfest im Oktober 1817, auf dem 500 Studenten aus allen Teilen des Bundes ein einiges Deutschland und bürgerliche Freiheitsrechte forderten. 1818 folgte die Gründung der Allgemeinen Deutschen Burschenschaft in Jena.

Nach der Ermordung des Schriftstellers August von Kotzebue, dessen „Geschichte des deutschen Reichs" beim Wartburgfest verbrannt worden war, durch den Jenaer Burschenschafter Karl Ludwig Sand 1819 begann jedoch die verschärfte Verfolgung der Nationalbewegung durch die Karlsbader Beschlüsse des Deutschen Bundes, getragen vor allem von den konservativen Großmächten Österreich und Preußen. Dem musste sich auch Großherzog Carl August zähneknirschend beugen, während Minister Goethe nicht zuletzt die Disziplinierung der in seinen Augen allzu freizügigen Weimarer Presse und der Jenaer Studentenschaft durchaus bis zu einem gewissen Grad begrüßte.

Schloss und Park Belvedere bilden den südlichen Abschluss der Residenzlandschaft um Weimar.

Nach der Pariser Julirevolution 1830 bekam die Nationalbewegung der „Vormärz“-Zeit wieder Aufwind. Mit der Revolution von 1848/49 fand sie ihren Höhepunkt. Im März 1848 sahen sich die Fürsten mit den „Märzforderungen“ von Presse- und Versammlungsfreiheit bis hin zur Ablösung feudaler Relikte konfrontiert. Der Weimarer Großherzog Carl Friedrich (reg. 1828–1853) kam diesen Forderungen entgegen und berief den Führer der liberalen Landtagsopposition, Oskar von Wydenbrugk, ins Staatsministerium. Bürgerwehren, Petitionen, Versammlungen und eine aufblühende Presselandschaft beförderten die Politisierung der Bevölkerung. Die liberale Mehrheit des Weimarer Bürgertums strebte einen Kompromiss mit der konstitutionellen Monarchie an und half, die aufflackernden Unruhen, getragen vor allem von der Unterschicht und Bauern des Umlandes, rasch zu beschwichtigen.

In der seit dem 18. Mai 1848 tagenden Frankfurter Nationalversammlung, in die Wydenbrugk als Abgeordneter aus Weimar entsandt wurde, sollte die Verfassung des künftigen deutschen Nationalstaates ausgearbeitet werden. In der Paulskirche wurde auch heftig über die Kleinstaaten diskutiert. Nicht wenige Liberale und Demokraten sprachen ihnen die Existenzberechtigung ab, wenngleich zumindest die kulturellen Verdienste besonders mit Blick auf Weimar durchaus gewürdigt wurden. Vor diesem Hintergrund wurde erstmals in der breiten Öffentlichkeit über eine Vereinigung Thüringens debattiert. Auch aufseiten der Kleinstaaten erwog man neben dem Anschluss an eines der benachbarten Länder einen Zusammenschluss, der vom losen Staatenverein bis hin zum Königreich Thüringen reichen konnte. Hierbei war es besonders Weimar, das die Vereinigungspläne mit dem Ziel einer dominierenden Stellung vorantrieb.

Die Revolution fand mit der Ablehnung der Reichsverfassung und der Kaiserkrone durch den preußischen König Friedrich Wilhelm IV. 1849 ein erfolgloses Ende. In der folgenden „Reaktionsperiode“ boten Fürsten wie Großherzog Carl Alexander von Sachsen-Weimar-Eisenach (reg. 1853–1901) der liberalen Nationalbewegung weiter eine Heimstatt. Die liberalen Kräfte in Thüringen, unterstützt von führenden Landespolitkern und Monarchen, boten ähnlich wie die süddeutschen Staaten Alternativen zu der Vorstellung, dass nach der gescheiterten Revolution nur noch eine konservative Großmacht wie Preußen die Einheit Deutschlands herstellen könne. Nicht zuletzt in Sachsen-Weimar-Eisenach konnte sich „die Herdflamme des geistigen Lebens unserer Nation in freier Luft erhalten", wie der 1851 bis 1859 in Jena lehrende Historiker Gustav Droysen vermerkte.

Letztlich war es aber die Politik von „Eisen und Blut" des preußischen Ministerpräsidenten Otto von Bismarck, die die Gründung eines deutschen Nationalstaats herbeiführte. In Preußen mit der liberalen Landtagsmehrheit im „Verfassungskonflikt" überworfen und auch in Weimar von vielen als „erzreaktionär" eingestuft, konnte Bismarck die Stimmung durch die Reichseinigungskriege wenden. 1864 siegte Preußen gemeinsam mit Österreich über Dänemark. 1866 fiel die Entscheidung im preußisch-österreichischen Dualismus durch den Sieg Preußens, wobei der Deutsche Bund aufgelöst wurde. 1867 erfolgte die Gründung des Norddeutschen Bundes unter Führung Preußens. Mit dem siegreichen Deutsch-Französischen Krieg 1870/71 entstand das Deutsche Kaiserreich mit dem preußischen König als Kaiser Wilhelm I. und Bismarck als Reichskanzler an der Spitze.

Im Deutschen bzw. Preußisch-Österreichischen Krieg 1866 mussten auch die thüringischen Fürsten für eine der beiden Großmächte Farbe bekennen. Sachsen-Coburg und Gotha, Sachsen-Altenburg und Schwarzburg-Sondershausen waren von Beginn an mit Preußen verbündet. Nach der Entscheidungsschlacht bei Königgrätz am 3. Juli 1866 vollzogen auch die bisher neutralen Staaten Sachsen-Weimar-Eisenach, Schwarzburg-Rudolstadt und Reuß j. L. den Schritt an die Seite des Siegers. Ihre Parteinahme für Österreich hätten dagegen Sachsen-Meiningen und Reuß ältere Linie fast mit ihrer Existenz bezahlt. 1867 traten alle Kleinstaaten dem Norddeutschen Bund bei. Seit der Proklamation des Deutschen Kaiserreiches am 18. Januar 1871 im Spiegelsaal von Versailles bildete Sachsen-Weimar-Eisenach nunmehr einen föderalen Teil des neuen Nationalstaats.

Weimar erlebte im 19. Jahrhundert ein „Silbernes Zeitalter" mit der Pflege des kulturellen Erbes, der Sanierung von Kulturdenkmalen und neuen Repräsentationsbauten.

Mit der zunehmenden politischen Bedeutungslosigkeit wurden die Kleinstaaten im 19. Jahrhundert auf die Gestaltung weniger verbliebener Bereiche der Innenpolitik, besonders der Kultur, beschränkt. Dies freilich taten sie mit großem Erfolg. In jene Zeit geht die endgültige Ausformung der einmalig dichten Kulturlandschaft in Thüringen zurück. Die Residenzstädte mit ihren Schlössern und Parks, ihren Theatern, Orchestern, Museen und Archiven entfalteten noch einmal ein beachtliches Kulturleben, konnten herausragende Künstlerpersönlichkeiten zu sich ziehen. Allerorten wurden Repräsentations- und Kulturbauten neu errichtet, erweitert oder saniert. Auch bei dieser kulturellen Spätblüte stand Weimar im Mittelpunkt.

Für die international bekannte Klassikerstadt hatte der Wiener Kongress 1815 immerhin den Aufstieg zur tonangebenden Residenz Thüringens bedeutet. Für die Zugkraft der „kulturellen Hauptstadt Deutschlands" konnte dies nur förderlich sein. Freilich vergrößerten sich die materiellen Spielräume der Großherzöge von Sachsen-Weimar-Eisenach – seit 1903 nannten sie sich nur noch Großherzöge von Sachsen – damit nur unwesentlich. Viel hing auch weiter von einer ambitionierten Kulturpolitik ab. Mit der Tradition des „Goldenen Zeitalters" konnte man dabei auf einen beachtlichen Standortvorteil bauen. Die Weimarer Monarchen und ihre Eliten waren sich dessen ebenso wie auch die Weimarer Bürger sehr wohl bewusst. Für das großherzogliche Haus stellte die Kulturtradition Weimars einen wesentlichen Faktor sowohl ihres Selbstverständnisses als auch ihrer Daseinsberechtigung in einer sich modernisierenden Welt dar.

Das „Silberne Zeitalter" wurde eingeleitet von der Großherzogin und Goethe-Verehrerin Maria Pawlowna. Sie stand als Kaiserliche Hoheit aus der Zarenfamilie protokollarisch über ihrem Gatten Carl Friedrich und nahm großen Einfluss auf die Kulturpolitik. Hierzu zählte neben der Beförderung von Schulen, Kultureinrichtungen und Bauprojekten, wie dem spätklassizistischen „Lesemuseum" (1860) neben dem gleichzeitig errichteten „Haus der Erholung" (Kulturzentrum „mon ami") am Goetheplatz, auch eine Reihe von karitativen Aktivitäten. In Erinnerung geblieben sind etwa ihre Verdienste um die 1813 gegründete „Gesellschaft der Freunde in der Not" von Johannes Daniel Falk. Der evangelische Laientheologe und Schriftsteller gilt als einer der wichtigsten Pioniere der modernen Jugendsozialarbeit zwei Jahrzehnte vor der Inneren Mission des Johann Heinrich Wichern. Im Lutherhof bot Falk verwahrlosten Kindern ein Zuhause und sorgte für deren Berufsausbildung. Dem Dichter des Weihnachtsliedes „Oh du fröhliche" wurde in der Nähe des Lutherhofes am Graben ein Denkmal gesetzt.

Zugleich sorgte Maria Pawlowna mit der Erziehung des Erbgroßherzogs für Kontinuität in der Kulturpflege. Carl Alexander lernte Goethe noch persönlich kennen und wuchs zusammen mit dessen Enkel Walther auf. Regelmäßig besuchte die Großherzogin den Dichter und vermittelte ihrem Sohn die Bewunderung für den Protagonisten des „Goldenen Zeitalters". Carl Alexander entwickelte so eine große Affinität zum klassischen Erbe. Er gab mit seiner Gattin Sophie, Tochter des Königs der Niederlande aus dem wohlhabenden Hause Oranien-Nassau, dem Kulturleben schon als Prinz wichtige Impulse. Beide wurden mit dem Amtsantritt 1853 zu den Hauptträgern einer wegweisenden Erbepflege. Während mit dem langjährigen Engagement von Franz Liszt diese Epoche auch einen eigenständigen kulturellen Höhepunkt erlebte, blieben die Versuche der Bindung prominenter Schriftsteller an dem von Heinrich Heine verspotteten „Musenwitwensitz" Weimar letztlich erfolglos.

Der junge Carl Alexander brachte zunächst den aufwendigen Wiederaufbau der Wartburg von 1838 bis 1889 auf den Weg. Die „deutscheste aller deutschen Burgen" wurde zum romantischen Nationaldenkmal, das an den sagenhaften Sängerkrieg, die heilige Elisabeth, Luther und das Wartburgfest erinnert. Natürlich zielte dies auch auf die Reputation des Hauses Sachsen-Weimar-Eisenach. In Weimar selbst sorgte der Großherzog nach seinem Amtsantritt für eine Reihe von Repräsentationsbauten. 1878 wurde der nördlich ans Residenzschloss angrenzende Großherzogliche Marstall im Stil der Neorenaissance fertiggestellt, in dem heute das Hauptstaatsarchiv Weimar angesiedelt ist. Als dessen Außenstelle dient das 1885 als einer der ersten Archivbauten eingeweihte Großherzogliche Geheime Haus- und Staatsarchiv am Beethovenplatz.

In der wilhelminischen Ära des späten Kaiserreiches folgten noch einmal eine Reihe von bedeutenden Repräsentations- und Verwaltungsgebäuden. 1890 erhielt der Karlsplatz (Goetheplatz) mit der neobarocken Hauptpost seine nordwestliche Dominante. Das Residenzschloss bekam unter Carl Alexanders Enkel und Nachfolger Wilhelm Ernst (reg. 1901–1918) mit dem Südflügel von 1912 bis 1914 seine heutige Form als geschlossene Vierflügelanlage. 1908 entstand jener ambitionierte Neubau des Hoftheaters, der gut

Das Residenzschloss erhielt 1912/14 mit dem Südflügel (Mitte) seine endgültige Form, links das Torhaus und die „Bastille" der alten Wilhelmsburg, rechts der Ostflügel der Goethe-Zeit.

ein Jahrzehnt später zum symbolträchtigen Geburtsort der Weimarer Republik werden sollte. Eines der eindrucksvollsten Bauwerke jener Epoche ist das 1896 eingeweihte neoklassizistische Goethe- und Schiller-Archiv am jenseitigen Ilmufer über den Dächern der Stadt, das Großherzogin Sophie in Auftrag gegeben hatte.

Die Pflege des klassischen Erbes war ein kulturpolitisches Hauptziel im „Silbernen Zeitalter" Weimars.

Zentrales Anliegen war die Pflege des klassischen Erbes, das die Stadt weit über vergleichbare Kleinstaatenresidenzen hinaushob. Allerdings hatte die zurückgezogene Lebensweise der Goethe-Nachkommen, die über den Nachlass verfügten und im Haus am Frauenplan wohnten, jahrzehntelang hemmend gewirkt. Nach dem Tod von Goethes letztem Enkel Walther von Goethe 1885 kam jedoch ein rasanter erinnerungskultureller Prozess in Gang. Der gesamte Nachlass ging an den Staat bzw. die Großherzogin Sophie über. Umgehend wurden mit der Goethe-Gesellschaft (1885), dem Goethe-Nationalmuseum (1885), dem Goethe- und Schiller-Archiv (1885/89) und der „Sophien-Ausgabe" der Werke Goethes (1887–1919) wesentliche Grundlagen gelegt.

Das Goethe- und Schiller-Archiv beherbergt heute eines der größten Literaturarchive mit über 130 Nachlässen von Schriftstellern, Gelehrten, Philosophen, Komponisten und Künstlern. Zu diesen zählen neben Goethe und Schiller auch Wieland, Herder, Fritz Reuter, Friedrich Hebbel, Georg Büchner, Gustav Freytag, Franz Liszt und Friedrich Nietzsche. Hinzu kommen 14 Archive von Verlagen, Vereinen und literarischen Gesellschaften (Goethe-Gesellschaft, Deutsche Schillerstiftung, Insel-Verlag Leipzig u.v.a.) sowie eine Autografen-Sammlung mit rund 3.000 Autoren. Aufgrund dieses Bestandes gilt das Goethe- und Schiller-Archiv als zentrales Archiv der deutschsprachigen Literatur des 18. und 19. Jahrhunderts.

Die Bestrebungen für ein solches „literarisches Gedächtnis der Nation" reichten weit zurück. Die testamentarische Verfügung

Walther von Goethes hatte, während alles Übrige an den Staat fiel, den schriftlichen Nachlass des Dichters in das Eigentum der Großherzogin Sophie übertragen. Im selben Jahr gründete die Fürstin das Goethe-Archiv. 1889 wurde Schillers Nachlass von dessen Enkel und Urenkel gestiftet, woraufhin die Umwidmung in Goethe- und Schiller-Archiv erfolgte. Seine wichtigste Aufgabe in den ersten Jahrzehnten war die von der Großherzogin initiierte „Sophien-Ausgabe" oder „Weimarer Ausgabe" von Goethes Werken, die von 1887 bis 1919 in vier Abteilungen mit 143 Bänden erschien. Bis 1914 stieg der Bestand zudem auf 35 Nachlässe aus klassischer Zeit (Herder, Wieland, Knebel, Riemer, Kanzler von Müller, Johann Heinrich Meyer, Bertuch u.a.) sowie aus dem späteren 19. Jahrhundert (Freiligrath, Immermann, Otto Ludwig, Fritz Reuter, Hebbel u.a.).

Das Goethe-Nationalmuseum entwickelte sich zum kulturell-touristischen Herzstück der Klassikerstadt. Seit dem Tod Goethes war immer wieder beklagt worden, dass die „heiligen Hallen", in denen der größte deutsche Dichter ein halbes Jahrhundert gelebt hatte, für Besucher weitgehend unzugänglich waren. Walther von Goethe überantwortete 1885 das historische Wohnhaus samt seiner kunst- und naturwissenschaftlichen Sammlungen testamentarisch dem Staat. Das sofort gegründete Museum konnte unter anderem durch Stiftungen der Familie Henckel von Donnersmarck und Felix Vulpius weitere Gegenstände aus dem persönlichen Umfeld des Dichters hinzugewinnen. 1913 erhielt es mit einem östlich an das Wohnhaus Goethes angrenzenden Erweiterungsbau eine neue museale Qualität.

Die Dichter und Denker bekamen bedeutende Denkmale, beginnend mit den Standbild Herders von Ludwig Schaller vor der Herderkirche 1850. 1857 weihte man mit dem Doppelstandbild Goethes und Schillers von Ernst Rietschel auf dem Theaterplatz eines der bekanntesten Denkmale weltweit ein. Es steht heute geradezu sinnbildlich für die Kulturnation Deutschland und ist damit die erfolgreichste Ikone der Bestrebungen Weimars im „Silbernen

Goethe und Schiller ist seit 1857 auf dem Weimarer Theaterplatz eines der weltweit bekanntesten Denkmale gewidmet.

Zeitalter". Der Bildhauer stellte die „Dioskuren" in bürgerlicher Kleidung und buchstäblich auf Augenhöhe dar, obwohl Schiller Goethe körperlich klar überragt hatte. Wieland bekam ebenfalls 1857 am heutigen Wielandplatz ein bisher nur Fürsten oder Feldherren vorbehaltenes Bronzestandbild von Hanns Gasser, womit das klassische „Viergestirn" unübersehbar im Stadtbild verankert war. Für ihren fürstlichen Schirmherrn Carl August legte man zeitgleich den Grundstein für ein Reiterdenkmal von Adolf von Donndorf vor dem „Fürstenhaus", das 1875 anlässlich des 100 Regierungsjubiläums eingeweiht wurde.

Zur Pflege des klassischen Erbes gehörte nicht zuletzt der Erhalt der Residenzlandschaft. So widmete Großherzog Carl Alexander Schloss und Park Belvedere große Fürsorge. Schon als Erbgroßherzog hatte er Schloss Ettersburg seit 1842 zu neuer kultureller Blüte geführt. Er ließ das Schloss nach Plänen des Hofgärtners Carl Eduard Petzold umgestalten und den sechs Hektar großen Landschaftspark westlich des Schlosses und die große Forsthauswiese anlegen. 1845 erfolgte unter Regie des Gartengestalters Fürst

Hermann von Pückler-Muskau die Ausweitung der Schlossallee, einer Schneise des alten Jagdsterns, zum „Pücklerschlag“. Von 1846 bis 1850 erfolgte die bis heute prägende Erneuerung und Umgestaltung des Parks in Tiefurt ebenfalls durch den Hofgärtner Petzold.

Zur Erbepflege gehörte auch die Ansiedlung bedeutender Kulturverbände und -stiftungen. Neben der Goethe-Gesellschaft war Weimar schon seit 1859 Sitz der 1855 gegründeten Schillerstiftung. Ursprünglich zur Unterstützung notleidender Literaten ins Leben gerufen, entfaltete die heute wieder in Weimar ansässige Stiftung ein breites Tätigkeitsfeld. Angesichts der mit den Namen Wieland, Herder und Goethe eng verbundenen Shakespeare-Rezeption nahm auch die Deutsche Shakespeare-Gesellschaft 1864 ihren Sitz in Weimar, wo man sich bis heute jährlich trifft. Unter dem Protektorat des Großherzogs und der Ehrenpräsidentschaft Franz Liszts entstand 1861 in Weimar der Allgemeine Deutsche Musikverein. Der einflussreiche Verband tagte mehrfach an der Ilm und veranstaltete hier große Musikfeste, ehe er im Dritten Reich 1937 aufgelöst wurde.

In der zweiten Hälfte des 19. Jahrhunderts liegen auch die Wurzeln der heutigen Universitäts- und Hochschulstadt Weimar. Wegweisend war die Gründung der Großherzoglichen Kunstschule 1860, die die bedeutende „Weimarer Malerschule“ mit Vertretern wie Arnold Böcklin, Theodor Hagen, Franz von Lenbach und Christian Rohlfs ausprägen konnte. Während aus der Kunstschule später das Bauhaus und die heutige Bauhaus-Universität hervorgingen, mündete die 1872 gegründete Orchesterschule unter mehrfacher Ausweitung ihres Profils in die heutige Musikhochschule „Franz Liszt“.

Franz Liszt rückte die Klassikerstadt seit 1848 über Jahrzehnte in den Fokus der Musikwelt.

Der Name der Musikhochschule verweist auf einen weiteren Höhepunkt der Kulturgeschichte „Ilm-Athens“. Das langjährige Wirken des ungarischen Komponisten und Klaviervirtuosen Franz Liszt rückte das nachklassische Weimar in den Fokus der internationalen Musikwelt und verlieh ihm mit seiner unehelichen Lebensgefährtin Carolyne Fürstin zu Sayn-Wittgenstein zudem einen gewissen Glamour. Liszt gehörte zu den produktivsten und vielseitigsten Komponisten des 19. Jahrhunderts. Der orchestralen Musik gab er mit seinen Sinfonischen Dichtungen Impulse und war ein Wegbereiter der „programmatischen Musik“. Bereits nach seinem ersten Gastspiel in Weimar 1842, der für großes Aufsehen sorgte, wurde Liszt vom Großherzog zum Kapellmeister in außerordentlichen Diensten ernannt. Danach war er zu einem Aufenthalt von drei Monaten pro Jahr im Winterhalbjahr in Weimar verpflichtet. Liszt kam dieser Pflicht zunächst aber nur unregelmäßig nach.

Dann kam es zu einer folgenreichen Begegnung. In Kiew verliebte er sich 1847 in Carolyne Fürstin zu Sayn-Wittgenstein. Beide beschlossen, sich in Weimar niederzulassen. 1848 verließ die Fürstin mit ihrer Tochter Russland und nahm Quartier in der Villa Altenburg. Diese lag am Rande der Stadt am gegenüberliegenden, damals noch weitgehend unbebauten Ilm-Ufer. Der Name erinnert an die dortige frühmittelalterliche Fliehburg. Hier zog wenig später auch Liszt ein. Zwölf Jahre lang lebten sie dort, auch weil alle Bemühungen um eine Scheidung Carolynes erfolglos blieben, relativ zurückgezogen in einer ungewöhnlichen Lebensgemeinschaft. Die Gerüchte und Anfeindungen seitens der konservativen Bürgerschaft verweisen auf das Spannungsverhältnis, das noch viele kreative Geister zu spüren bekommen sollten. Andererseits nahm man die große internationale Aufmerksamkeit gerne in Kauf, die Liszts Schaffen auf Weimar lenkte.

Die Zeit in der Altenburg waren die schöpferisch produktivsten Jahre Liszts, wobei Carolyne einen großen Anteil an der künstlerischen Weiterentwicklung des „klavierspielenden Lebemanns“ hatte. In Weimar dirigierte Liszt viele Werke zeitgenössischer, bisweilen umstrittener Komponisten. Zu diesen zählte Richard Wagner, den er 1844 in Dresden bei einer Aufführung der Oper „Rienzi“

kennengelernt hatte. Allein 36 Mal dirigierte Liszt Stücke von Wagner, der ihm besonders nahestand und dem er nach dem Maiaufstand in Dresden 1849 von Weimar aus zur Flucht in die Schweiz verhalf. 1850 brachte Liszt am Hoftheater die Oper „Lohengrin" zur international beachteten Uraufführung. Später hatte er sogar vor, Wagners „Ring des Nibelungen" in einem eigenen Festspielhaus aufzuführen. Die Pläne scheiterten jedoch, sodass stattdessen Bayreuth zur Pilgerstätte aller Wagnerianer wurde.

1854 gründeten Liszt und August Heinrich Hoffmann von Fallersleben den avantgardistischen „Neu-Weimar-Verein". Der liberale Freiheitsdichter wirkte von 1853 bis 1860 im Dienste des Großherzogs als Herausgeber des „Jahrbuchs für deutsche Sprache, Literatur und Kunst" – einer der Versuche, an die Bedeutung der Goethezeit anzuknüpfen. In der Altenburg gingen viele Kulturgrößen der Zeit ein und aus: Hans von Bülow, Peter Cornelius, Hector Berlioz, Bedřich Smetana, Gustav Freytag, Franz Grillparzer und Moritz von Schwind. Aber auch den Traditionen Weimars fühlte sich Liszt verpflichtet. So dirigierte er 1857 anlässlich der Enthüllung des Goethe-Schiller-Denkmals die Uraufführung seiner „Faust-Symphonie". Allerdings gab es zunehmende Reibereien am Theater mit Traditionalisten und Verfechtern des Sprechtheaters. Sie führten schließlich zum Bruch, da sich der Großherzog nicht klar positionieren wollte. Auch Hoffmann von Fallersleben kehrte Weimar wegen seines zunehmend konservativen Geistes den Rücken: „Darum lasse sich auch niemand / Weiter hier als Dichter sehn: / Goethe, Schiller, Herder, Wieland / Sind genug fürs Ilm-Athen."

1861 verließ Liszt Weimar und nahm nach dem endgültigen Scheitern der Heiratspläne mit Carolyne sein Reiseleben wieder auf. 1869 kehrte er jedoch auf Initiative Carl Alexanders nach Weimar zurück. Hieran erinnert als zweiter wichtiger Erinnerungsort neben der heute von der Musikhochschule genutzten Villa Altenburg das Liszt-Haus. Das klassizistische Gebäude befindet sich am Rande des Ilmparks am Anfang der Belvederer Allee. Bevor

Das Denkmal für Franz Liszt im Park an der Ilm nahe dem Liszt-Haus wurde 1902 enthüllt.

Franz Liszt in das einstige Hofgärtnerhaus einzog, hatte es seit den 1850er-Jahren als Atelier für Friedrich Preller d. Ä. und Hermann Wislicenius gedient. Liszt nutzte jeweils in den Sommermonaten die von Großherzogin Sophie komfortabel ausgestattete Wohnung bis zu seinem Lebensende 1886. Die Weimarer Sommer des längst in ganz Europa bewunderten Genies waren vor allem durch seine Tätigkeit als Lehrer geprägt. Schon kurz nach seinem Tod 1886 wurde im Liszt-Haus eine Gedenkstätte eröffnet, die heute als Museum zur Klassik Stiftung Weimar gehört. Nur wenige Schritte entfernt steht seit 1902 ein Liszt-Denkmal von Hermann Hahn im Park an der Ilm, das die klassische Gedenktopografie erweiterte.

Der „Mythos Weimar" zog weiter bedeutende Geister an und wurde zum Ausgangsort des Nietzsche-Kultes.

Um die Jahrhundertwende stieg „Ilm-Athen" endgültig zum sehnsuchtsvoll überhöhten Wallfahrtsort auf, der von industrieller Urbanisierung verschont blieb. Die Verklärung zum „Mythos Weimar" bezog nicht zuletzt aus dem Spannungsverhältnis zur heraufziehenden Moderne wichtige Triebkräfte. In Weimar schlage das „kulturelle Herz Deutschland", nicht in hektischen, politisierten Metropolen wie Berlin. So propagierte es der bekannte Dichter Ernst von Wildenbruch, an den seine neobarocke Villa „Ithaka" (1907) von Paul Schultze-Naumburg oberhalb von Goethes Gartenhaus und das 1915 errichtete Denkmal im Poseckschen Garten erinnern. Die Stadt bot zugleich ein anspruchsvolles Kulturleben, in dem zunehmend auch Frauen den Ton mitangaben, sie bot bürgerliche Geselligkeit, Vereine und Feste. Weimar entwickelte so eine hohe Anziehungskraft auf das deutsche Bildungsbürgertum sowie auf Künstler und Gelehrte, die sich vom *Genius loci* inspirieren lassen wollten.

Der wohl bekannteste Name ist der des Philosophen Friedrich Nietzsche, der freilich nur die letzten Lebensjahre in geistiger Umnachtung an der Ilm verbrachte. Dafür begann hier die Aufarbeitung seines Werkes, die den Nietzsche-Kult nachhaltig beförderte und ihm mit dem Nietzsche-Archiv einen Erinnerungsort gab. 1894 hatte Nietzsches Schwester Elisabeth Förster-Nietzsche in Naumburg das Nietzsche-Archiv gegründet, mit dem sie 1896 nach Weimar übersiedelte. 1897 bezog sie die Villa Silberblick in der Humboldtstraße, um hier ihren kranken Bruder aufzunehmen. Friedrich Nietzsche starb in diesem Haus am 25. August 1900. Auf Anregung Harry Graf Kesslers beauftragte Förster-Nietzsche Henry van de Velde mit der Umgestaltung des Erdgeschosses, das 1903 feierlich eingeweiht wurde. Die weitgehend erhaltene Innenausstattung gehört zu Van de Veldes Hauptwerken. Das Herzstück bildet der Bibliotheksraum mit einer von Max Klinger geschaffenen Nietzsche-Herme aus Marmor.

Elisabeth Förster-Nietzsche gehört zu den ambivalenten Persönlichkeiten der Weimarer Kulturgeschichte. Zum einen hat sie sich um die Aufarbeitung des fragmentarischen Nachlasses des Philosophen verdient gemacht. Schon 1913 erschien die erste Gesamtausgabe der Werke Nietzsches, wenig später eine dreibändige Biografie. Allerdings schreckte Förster-Nietzsche nicht vor unseriösen Editionspraktiken zurück. Dies gipfelte im Zusammenstellen zahlreicher Fragmente zum vermeintlichen Hauptwerk „Der Wille zur Macht“ (1901). Zunächst dem avantgardistischen „Neuen Weimar“ Kesslers und Van de Veldes nahestehend, sollte die einflussreiche Vertreterin des kulturbürgerlichen Establishments von Weimar später den von ihr angestoßenen Nietzsche-Kult den Nationalsozialisten dienstbar machen.

Im 19. und frühen 20. Jahrhundert durchlief Weimar einen zeittypischen Wachstums- und Modernisierungsprozess.

Zeitgleich mit ihrer weiteren Profilierung als Kulturstadt machte Weimar im 19. und frühen 20. Jahrhundert tiefgreifende Wandlungen durch. Ohne sich zur Industriestadt zu entwickeln, durchlief sie doch in vielerlei Hinsicht den zeittypischen Wachstums- und

Modernisierungsprozess. Dies verdeutlicht allein schon die Einwohnerentwicklung. Mitte des 19. Jahrhunderts lebten mit 12.000 Personen kaum mehr Menschen als in der späten Goethe-Zeit an der Ilm. Bis zur Reichsgründung 1871 stieg die Zahl auf 16.000. Im Kaiserreich verdoppelte sie sich dann auf 35.000 im Jahr 1918. Das Stadtgebiet griff nun mit seinem Gründerzeitgürtel weit über die Altstadt hinaus, wobei jedoch der harmonische Residenzcharakter besonders entlang des Ilmparks weitgehend erhalten blieb.

Charakteristisch für diese Epoche ist die Modernisierung der Infrastruktur. Von epochaler Bedeutung war der Anschluss an das Eisenbahnnetz 1846. Die Eisenbahn gilt als modernstes Verkehrsmittel und wirtschaftlicher Katalysator des Industriezeitalters. Schon der Ausbau der Chaussee Erfurt–Weimar–Jena nach 1800 und der Bedeutungsverlust der alten an Weimar vorbeiführenden Via regia hatten die Situation deutlich verbessert. Mit der Eisenbahn war die Stadt nun überregional bestens vernetzt. Seit 1850 floss der Verkehr durchgängig auf der Haupttrasse Frankfurt/M.–Weimar–Berlin. 1876 folgte die Strecke nach Gera über die Nachbarstadt Jena. Hierfür hatte Weimar mit dem imposanten Viadukt über die Ilm eine der bedeutendsten Eisenbahnbrücken Deutschlands erhalten. 1888 ging die Berkaer Bahn nach (Bad) Berka, Blankenhain und Kranichfeld in Betrieb.

Zugleich wirkte der weit außerhalb nördlich des Stadtkerns gelegene Bahnhof als städtebauliches Zugpferd. Nördlich der Jakobsvorstadt entstand die Parkanlage entlang des Asbachtals mit dem 1869 eingeweihten Großherzoglichen Museum (Neues Museum). Der Repräsentationsbau in den Formen der italienischen Renaissance gilt als erster musealer Zweckbau Thüringens. Von hier aus führte die Sophienstraße (Carl-August-Allee) in gerader Linie zum Bahnhof. So bekam die vielbesuchte Klassikerstadt ein würdiges Entree. Jene gezielt angelegte Sichtachse Bahnhof–Altstadt mit dem parkumsäumten Museum als Angelpunkt wurde jedoch durch die Anlage des Gauforums in der NS-Zeit zerstört. Diesem brutalen städtebaulichen Eingriff fiel auch der Viadukt über das westliche Asbachtal zum Opfer, der den Straßenverkehr zwischen Altstadt und Nordvorstadt erleichtert hatte.

Die Stadterweiterung erfolgte in klarer sozialer Ausdifferenzierung. Während die Nordvorstadt eher Kleinbürger und Arbeiter aufnahm, entstanden im Westen und Süden ausgedehnte Villenviertel des gehobenen Bürgertums. Der bis in die Mitte des 19. Jahrhunderts dominierende Klassizismus wich zunehmend dem Historismus. Ende des Jahrhunderts entstanden besonders im Westviertel ansehnliche Gebäude im Jugendstil. Das konfessionell nicht mehr völlig homogene Bevölkerungswachstum schlug sich unter anderem in der 1891 eingeweihten katholischen Herz-Jesu-Kirche nieder. Die 1899 folgende evangelische Kreuzkirche wiederum diente der englischen Gesandtschaft am Herzogshof und den vielen englischen Besuchern und Pensionatsschülern in Weimar.

In vielerlei Hinsicht verschwand erst jetzt das Mittelalter endgültig aus dem Stadtbild. Die letzten Bauernhöfe und Scheunen, die über Jahrhunderte die Ackerbürgerstadt mitgeprägt hatten, wichen modernen Wohn- und Nutzbauten. Das System der „Röhrenfahrten", das Frischwasser aus umliegenden Quellen durch Holzrohre in die Stadt geleitet hatte, und der offenen Straßenrinnen zur Abwasserbeseitigung wurde in der zweiten Hälfte des 19. Jahrhunderts ersetzt. Seit 1859 kamen Rohre aus Ton und Gusseisen zum Einsatz, ab 1882 folgten ein völlig neues Trinkwasser- und Abwassernetz. 1891 ging das Telefonortsnetz in Betrieb, das überregional vernetzt wurde. Der Historische Friedhof mit der Fürstengruft wurde ab 1862 erheblich nach Südwesten erweitert. Als moderner Hauptfriedhof erhielt er Anfang des 20. Jahrhunderts einen neuen Eingang von der Berkaer Straße, eine neoromanische Kapelle und ein Krematorium.

1899 wurde die Straßenbahn als neues Verkehrsmittel vieler expandierender Gründerzeitstädte feierlich eingeweiht. Die erste Linie führte vom Bahnhof über die Carl-August-Allee zur Innenstadt, wo sie sich in zwei Trassen teilte, und vom Wielandplatz über die Belvederer Allee bis zum Ausflugslokal „Falkenburg".

Eine zweite Linie verband seit 1908 den Bahnhof über Postamt und Erfurter Straße mit dem Berkaer Bahnhof und führte in einem großen Bogen über die Junkerstraße (Trierer Straße) zum Wielandplatz. Die Linien waren zunächst mit einem roten und grünen Signal markiert, 1930 ersetzte man diese durch die Nummern 1 und 2. Die Straßenbahn wurde allerdings schon 1937 wieder zugunsten von Omnibussen aufgegeben. Von 1948 bis 1993 verkehrten in Weimar Oberleitungsbusse.

Trotz Modernisierung und Wachstum entwickelte sich Weimar nicht zur typischen Industriestadt, was sich auch im politischen Bereich niederschlug.

Trotz Modernisierung und Wachstum entwickelte sich Weimar nicht zu einer typischen Industriestadt. Bis weit ins 19. Jahrhundert hinein blieb die Wirtschaft vom Handwerk und einem wenig innovativen Unternehmertum geprägt. Noch immer bot der großherzogliche Hof einen zentralen Bezugspunkt nicht nur bei den sprichwörtlichen „Hoflieferanten“. Großherzog Carl Alexander lehnte eine Industrialisierung seiner Residenz ab, die mit den Vorstellungen von der Kulturstadt des „Silbernen Zeitalters“ nicht übereinstimmte.

Parallel hierzu entwickelte sich Jena, das kleinere Pendant der Goethe'schen „Doppelstadt“, zum modernen Industrie- und Wissenschaftszentrum. Der Weimarer Stadtrat soll hierzu maßgeblich beigetragen haben. Er habe 1845 dem in Weimar gebürtigen Mechaniker Carl Zeiss die Niederlassung verwehrt, worauf dieser in Jena ein Unternehmen von Weltruf aufbaute. Jüngere Forschungen gehen aber davon aus, dass Zeiss bewusst in die Universitätsstadt gegangen sei, um sich dort dem Bau von Mikroskopen zu widmen. In jedem Fall begann an der Saale und nicht an der Ilm eine einzigartige Erfolgsgeschichte, während im Westen Erfurt zur pulsierenden Industriegroßstadt aufstieg. So nahmen sich die 36.000 Einwohner Weimars am Ende des Kaiserreiches im

Vergleich mit Erfurt (125.000) und Jena (48.000) deutlich weniger imposant aus.

In Weimar siedelten sich kaum größere Industrie- und Gewerbebetriebe an. Gegen die Haltung weiter Teile der Bürgerschaft versuchten zwar einige Staatsbeamte und Unternehmer die Stadt dem modernen Wirtschaftsleben zu öffnen. Ausdruck hierfür war etwa die groß angelegte II. Thüringische Gewerbeausstellung 1861 im Schießhaus an der Tiefurter Allee. Einer der Wortführer war Hermann Böhlau, der seit 1853 ein erfolgreiches Verlagsunternehmen aufbaute. Böhlau spezialisierte sich auf geisteswissenschaftliche Literatur und zeichnete unter anderem für die Sophien-Ausgabe der Werke Goethes verantwortlich.

Seinem Vorbild sowie dem einiger weiterer Verleger und Druckereibesitzer folgten aber nur wenige Unternehmer. Weimar blieb bis weit in die Phase der Hochindustrialisierung hinein mittelständisch geprägt. Erst 1898 wurde mit der Waggon-Fabrik Weimar AG im neuen Industriegebiet nördlich des Bahnhofs das erste echte industrielle Großunternehmen gegründet. Dieses wandelte sich 1901 zur AG für Eisenbahn- und Militärbedarf, die im Ersten Weltkrieg erhebliche Gewinne erzielen sollte. Im Norden siedelten sich auch die Pianofabrik Römhild, die aus der Eisenwarenfabrik Schmidt hervorgegangene Apparatebauanstalt und Metallwerke AG sowie Unternehmen der Holzbearbeitung und des Baustoffgewerbes an.

Der geringe Industrialisierungsgrad wirkte sich auch auf die Entwicklung der Arbeiterbewegung aus. Die Arbeiterschaft besaß eine deutlich schwächere Stellung gegenüber dem Bürgertum als in vielen anderen Städten. Von den im Jahr 1900 insgesamt 51 Prozent abhängig Beschäftigten machten Fabrikarbeiter nur 8,7 Prozent aus. Als Keimzelle der Arbeiterbewegung gilt ein 1865 gegründeter Arbeiterverein. Dieser war lange kleinbürgerlich-handwerklich geprägt und hatte Wurzeln sowohl bei den Demokraten als auch in der 1869 gegründeten Sozialdemokratie. Erst um 1900 erfolgte die feste Ausrichtung des Sozialdemokratischen Volksvereins an der SPD.

Im Rathaus dominierten bis 1918 wegen der zahlenmäßig schwachen Arbeiterschaft und der Bürgerrechtspraxis die bürgerlichen Parteien.

Dieser neigte zum gemäßigt-reformistischen Flügel der Arbeiterpartei, der zur Zusammenarbeit mit den Liberalen bereit war. Hierfür stand insbesondere die prägende Persönlichkeit der regionalen SPD, der 1906 von Apolda nach Weimar übergesiedelte Parteisekretär August Baudert. Die SPD konnte mit Baudert von 1898 bis 1907 und von 1912 bis 1918 den Reichstagsabgeordneten für Sachsen-Weimar nach Berlin entsenden. Trotz ihrer schwachen sozialen Stellung bildete die Arbeiterschaft ein zeittypisches Milieu aus. Hierzu zählten neben den Gewerkschaften zahlreiche Traditionen und Vereine, eine eigene Zeitung („Weimarische Volkszeitung") und das von Baudert initiierte „Volkshaus" (1908) als Organisations- und Veranstaltungszentrum in der heutigen Friedrich-Ebert-Straße.

Die restriktive Bürgerrechtspraxis – 1914 zählte Weimar nur 2.621 Bürger im juristischen Sinne mit Wahlrecht – verhinderte jedoch eine angemessene Vertretung im Kommunalparlament. Dort dominierten die bürgerlichen Parteien der Nationalliberalen, der linksliberalen Freisinnigen und der Konservativen. Bis 1918 waren nur vereinzelte Sozialdemokraten im Gemeinderat aktiv, darunter August Baudert. An der Spitze der Stadt standen als prägende Persönlichkeiten von 1875 bis 1910 der Bürgermeister (seit 1888 Oberbürgermeister) Karl Pabst und von 1876 bis 1912 der Gemeinderatsvorsitzende Louis Döllstädt. Pabst und Döllstädt stehen beispielhaft für die am Gemeinwohl orientierte Kommunalpolitik der Kaiserzeit. Ihre gesellschaftliche Basis war das tonangebende bürgerliche Milieu der Stadt mit seinen zahlreichen Vereinen und Verbänden. Neben der überproportional starken Position des Bürgertums insgesamt stechen noch die vielen Hof- und Staatsbeamten, Bildungsbürger und wohlhabenden Rentiers heraus, die von der Kulturstadt angezogen wurden.

VI. Aufbruch in die Moderne

Weimarer Republik und Bauhaus

Weimar genießt als „Klassikerstadt" weltweite Bekanntheit. Allerdings lässt sich das beschauliche „Ilm-Athen" keineswegs allein auf die Höhen der deutschen Literaturgeschichte um 1800 reduzieren. Vielmehr war es neben den vor- und nachklassischen Kulturleistungen auch Schauplatz eines epochalen Aufbruchs in die Moderne: 1919 wurden hier von der Deutschen Nationalversammlung die Verfassung der Weimar Republik erarbeitet und vom Freistaat Sachsen-Weimar-Eisenach das Bauhaus gegründet. Weimar wurde so zum Geburtsort der ersten deutschen Demokratie, das Bauhaus gilt als einer der wichtigsten Wegbereiter der Moderne. Angedeutet hatte sich dieser freilich rasch gescheiterte Versuch eines kulturellen „Neuen Weimars" schon zu Beginn des 20. Jahrhunderts mit dem Wirken von Harry Graf Kessler und Henry van de Velde.

Erster Weltkrieg und Novemberrevolution 1918 brachten eine tiefe Zäsur für die Residenzstadt Weimar.

Jener zweite Höhepunkt der Weimarer Kulturgeschichte fiel in eine Zeit tiefer Umbrüche. Der Erste Weltkrieg hatte zunächst eine Welle der nationalen Begeisterung erzeugt. Feierlich wurde das 5. Thüringische Infanterieregiment Nr. 94 am 8. August 1914 samt Großherzog Wilhelm Ernst von Tausenden verabschiedet. Die unerwartet lange Dauer des Krieges, die Opfer an den Fronten – Weimar hatte 1.341 Gefallene zu beklagen – sowie durch Hunger und Krankheiten in der Heimat führten jedoch zu wachsender Kriegsmüdigkeit. Anfangs waren auch die als „vaterlandslose

Gesellen" verfemten Sozialdemokraten in den „Burgfrieden" aller Parteien eingebunden. In Weimar wurde dies von der Parteiführung unter August Baudert mitgetragen.

Allmählich begannen aber linke Teile der SPD die Unterstützung des Krieges offen infrage zu stellen und gründeten 1917 in Gotha die USPD. Die Spannung in der Bevölkerung wuchs und kam durch den Matrosenaufstand in Kiel zur Entladung. Die Novemberrevolution mit der Abdankung des Kaisers, der Ausrufung der Republik und der Regierungsübernahme durch die SPD unter Friedrich Ebert am 9. November 1918 strahlte auch auf Thüringen aus. Schon seit dem 7. November war es zu Unruhen und zur Bildung von Arbeiter- und Soldatenräten gekommen, die die Regierungen unter Kontrolle nahmen.

Die Abdankung der Kleinstaatenfürsten begann mit Großherzog Wilhelm Ernst in Weimar am 9. November 1918. Der Aufstand war am Abend des 8. November von der Garnison in der Wilhelms-Allee (Leibnizallee) ausgegangen, der sich die noch immer relativ gemäßigte Arbeiterschaft anschloss. Bis zu 1.500 Demonstranten versammelten sich auf Initiative des Arbeiter- und Soldatenrates vor dem Schloss, ohne dass es zu blutigen Ausschreitungen kam. Am kommenden Tag unterzeichnete der weithin unbeliebte Fürst auf Druck der Demonstranten schließlich nach langem Zögern die Abdankungsurkunde.

Es war vor allem die Spitze der Arbeiterbewegung, die das Geschehen in vergleichsweise ruhige Bahnen lenkte. Zur Schlüsselfigur wurde August Baudert, der bis 1920 als Staatskommissar auch die Geschicke des Freistaates Sachsen-Weimar-Eisenach lenkte. Die Revolutionäre brachten zwar alle wichtigen Punkte der Stadt unter ihre Kontrolle und das Volkshaus fungierte für einige Zeit als Machtzentrale. Baudert sorgte jedoch dafür, dass in Zusammenarbeit mit Beamten und Militär das öffentliche Leben aufrechterhalten blieb. Schon unter den Zeitgenossen wurde dies heftig diskutiert, mancher sah darin einen „Verrat an der Revolution". Die örtliche Arbeiterschaft trug jene moderate, auf einen demokratischen Volksstaat zielende Linie jedoch mehrheitlich mit. Bezeichnenderweise kam es erst am 27. Dezember 1918 überhaupt zur Gründung einer USPD-Ortgruppe.

Mit der Novemberrevolution 1918 endete die jahrhundertelange Herrschaft der thüringischen Herzogs- und Fürstenhäuser. Bei allen Verdiensten besonders um die Kultur hatte sich nach verbreiteter Überzeugung die Ära der Kleinstaaten überlebt. So endete das „lange 19. Jahrhundert" mit einer tiefen Zäsur auch für die Weimarer Stadtgeschichte. Die Zukunft der großherzoglichen Residenz, deren Bevölkerung stark auf den Hof ausgerichtet war, stand nun in den Sternen. Deshalb war es wohl mehr als eine formale Nebensache, wenn Wilhelm Ernst auf der Vorlage für die Abdankungsurkunde vom 9. November 1918 eine Änderung vornahm. Dort war zu lesen, dass Soldaten, Arbeiter und Bürger seinen Rücktritt gefordert hätten. Der Großherzog strich den Passus „und der Bürger" durch – in der richtigen Einschätzung, dass große Teile des Bürgertums mit Revolution und Republik nicht einverstanden waren. Das sollte sich im weiteren Verlauf gerade in deren Gründungsort Weimar sehr deutlich zeigen.

Von Februar bis August 1919 tagte in Weimar die Deutsche Nationalversammlung und legte die Grundlagen für die Weimarer Republik.

Nach den aufwühlenden Revolutionswochen kam ein weiteres, jetzt noch spektakuläreres Ereignis auf die Stadt zu. Während in Berlin immer wieder Unruhen aufflackerten, stand Weimar von Februar bis August 1919 als Tagungsort der Nationalversammlung im Rampenlicht der weltweiten Öffentlichkeit. Am 31. Juli wurde die Weimarer Reichsverfassung angenommen und am 11. August von Reichspräsident Friedrich Ebert in Schwarzburg im Thüringer Wald unterzeichnet. Weimar wurde so zum Geburtsort der ersten deutschen Demokratie, das Deutsche Nationaltheater zu ihrem Symbolort.

Am 14. Januar war von der Reichstagsverwaltung die Entscheidung für Weimar als Tagungsort gefallen, worum sich unter anderem auch die Nachbarstädte Erfurt und Jena beworben hatten. Für Weimar sprachen die Lage und Erreichbarkeit in der Mitte Deutschlands. In die Reichshauptstadt Berlin richtete man eigens eine tägliche Verbindung vom Militärflugplatz am Webicht ein – die erste zivile Fluglinie Deutschlands. Für die äußere Sicherheit vor revolutionären Unruhen sorgte das Freiwillige Landesjägerkorps unter General Georg Maercker, der sein Hauptquartier im Schloss Belvedere aufschlug. „In der Pensionärstadt Weimar selbst war aber kaum mit irgendwelchen bedeutsamen Kräften der Arbeiterbewegung zu rechnen“, so der Sozialdemokrat Walter Oehme, der an der Vorbereitung durch die Reichskanzlei beteiligt war.

Die touristisch gut erschlossene Kulturstadt bot ausreichend Unterkünfte und Tagungsräume für die rund 2.000 Abgeordneten, Delegierten und Journalisten aus aller Welt. Das am 19. Januar 1919 zum Deutschen Nationaltheater erhobene und umgebaute Hoftheater nahm das Parlament auf, Reichspräsident Friedrich Ebert und die Reichsregierung erhielten im Residenzschloss Quartier. Die SPD-Fraktion, zu der auch August Baudert gehörte, traf sich im „Volkshaus“.

Orte wie das „Residenz-Café“ („Resi“) am Schloss und das Gasthaus „Zum weißen Schwan“ am Frauenplan erlangten Bedeutung als beliebte Treffpunkte der Politprominenz und Größen der Zeit. Im Gästebuch des „Weißen Schwan“ findet sich ein Eintrag von Konstatin Fehrenbach, des Präsidenten der Nationalversammlung, der die Haltung vieler Parlamentarier zu ihrem Versammlungsort widerspiegelt: „Von Berlin geflüchtet, haben wir hier eine sichere trauliche Stätte gefunden.“ Die Weimarer selbst waren angesichts der vielen Einschränkungen freilich nicht nur begeistert von dem monatelangen Ausnahmezustand.

Natürlich wurde auch die Kultur für den demokratischen Neubeginn in Anspruch genommen. „Jetzt muss der Geist von Weimar, der Geist der großen Philosophen und Dichter, wieder unser Leben erfüllen." So beschwor Friedrich Ebert in seiner Eröffnungsrede am 6. Februar 1919 die Abgeordneten im Nationaltheater. Freilich wurde der „Geist von Weimar" für die unterschiedlichsten Standpunkte beansprucht, teils auch in Gegensatz zum militaristischen „Geist von Potsdam" gestellt. Spätestens mit der Annahme des demütigenden Versailler Friedensvertrages vom 28. Juni 1919 durch die demokratische Parlamentsmehrheit geriet das „System von Weimar" für die Rechte zum negativen Kampfbegriff.

Hauptaufgabe der Versammlung war die Verabschiedung einer Verfassung für Deutschland. Innenminister Eduard David (SPD) bezeichnete die Weimarer Reichsverfassung nach der Abstimmung im Nationaltheater am 31. Juli 1919 als „die demokratischste Demokratie der Welt". Oberstes Prinzip war die Volkssouveränität: „Die Staatsgewalt geht vom Volke aus." Die Reichsregierung mit dem Reichskanzler an der Spitze war vom Vertrauen des Reichstages abhängig. Dieser ging aus allgemeinen, gleichen, geheimen und unmittelbaren Wahlen erstmals von Männern und Frauen hervor. Als Staatsoberhaupt fungierte der ebenfalls direkt vom Volk gewählte und mit starken Kompetenzen ausgestattete Reichs-

Friedrich Ebert grüßt nach seiner Vereidigung als Reichspräsident am 21. August 1919 vom Balkon des Deutschen Nationaltheaters.

präsident. Der tolerante und soziale Geist der Verfassung mit einem umfangreichen Katalog an Grundrechten und -pflichten sollte einen Neuanfang für die ganze Gesellschaft ermöglichen.

Der Stolz auf dieses Erbe ist lange vom Scheitern der Republik überschattet worden. Geboren aus Kriegsniederlage und Implosion des Kaiserreiches, ging sie schon 14 Jahre später in der NS-Diktatur unter. In der DDR galt die Demokratie von Weimar als „bürgerlich-parlamentarisches Mäntelchen" der „Diktatur der Monopolbourgeoisie". Laut der „Geschichte der Stadt Weimar" von 1976 habe sie „nicht zum Ruhm der Stadt Weimar in der Welt beigetragen". In der Bundesrepublik standen ihre Schwächen im Mittelpunkt, die man zu vermeiden suchte. Geradezu beschwörend wurde dies auf die Formel „Bonn ist nicht Weimar" bzw. „Berlin ist nicht Weimar" gebracht.

So sehr man dies nach wie vor ernst nehmen muss, darf man in der Weimarer Republik aber auch einen Grundpfeiler unserer demokratischen Traditionen sehen. Ihr Untergang sollte nicht den hoffnungsvollen historischen Aufbruch verdecken, den 2009 die viel beachtete Ausstellung des Stadtmuseums „Weimar 1919 – Chancen einer Republik" erstmals konkret umrissen hat. Große Teile des Grundgesetzes fußen auf der Weimarer Reichsverfassung, zentrale Ansätze von Demokratie, gesellschaftlicher Mitbestimmung und Sozialstaat gehen auf diese Zeit zurück. Nicht zuletzt sorgte die Republik für die Entfaltung einer kreativen Kultur, die in Weimar mit dem Bauhaus einen nachhaltigen Impuls für die Moderne setzen konnte.

Zu Beginn des 20. Jahrhunderts ermöglichte Großherzog Wilhelm Ernst den ersten Aufbruch für ein kulturelles „Neues Weimar" mit Harry Graf Kessler und Henry van de Velde.

Der kulturelle Aufbruch von 1919 hatte bereits ein bemerkenswertes „Vorspiel". Auch Weimar erlebte sein Fin de siècle mit dem ambivalenten Bewusstsein, am Ende einer Epoche und zugleich an der Schwelle eines neuen Zeitalters zu stehen. Dies fällt weitgehend mit der Ära des letzten Großherzogs von Sachsen-Weimar-Eisenach, Wilhelm Ernst, zusammen. Der Amtsantritt des 24-jährigen Enkels von Carl Alexander im Januar 1901 markiert eine historische Zäsur, mit der das spannungsreiche Wilhelminische Zeitalter und die kulturelle Moderne in all ihrer Vielschichtigkeit endgültig Einzug hielten. Wilhelm Ernst ist dabei als „Herrscher in der Zeitenwende“ sehr widersprüchlich beurteilt worden. Züge eines ebenso linkisch-unsicheren, wie selbstherrlich-jähzornigen Monarchen sind nicht zu übersehen. Er verkörperte nach seinem liberal-patriarchalischen Großvater den Typus des „schneidigen“ wilhelminischen Herrschers, der zunehmend konservative Ansichten vertrat. Jagd und schnelle Autos waren seine Leidenschaften. Am frühen Tod seiner beliebten ersten Gattin, Caroline von Reuß ältere Linie, 1905 räumte man dem als amusisch geltenden Monarchen eine gewisse Mitschuld ein. Das Erbe der Klassikerstadt habe er, so kritische Stimmen aus dem Weimarer Bildungsbürgertum, nicht mit dem Nachdruck seines Vorgängers gepflegt. Der Dichter Ernst von Wildenbruch redete dem Großherzog sogar mit einem deutlichen „Wort über Weimar“ (1903) ins Gewissen.

Allerdings hat die jüngere Forschung das Bild des finsteren Wüterichs als letzter auf dem Thron der kulturvollen Ernestiner in Weimar relativiert. Zudem bleibt unstrittig, dass der junge Großherzog zu Beginn des 20. Jahrhunderts die Versuche eines avantgardistischen „Neuen Weimars“ ermöglichte, die besonders mit den Namen Harry Graf Kessler und Henry van de Velde verbunden sind. Damit hob er sich deutlich vom konservativen Kunstideal Kaiser Wilhelms II. ab, das insbesondere vom Historienmaler Anton von Werner verkörpert wurde und für weite Kreise des wilhelminischen Establishments als verbindlich galt. Sachsen-Weimar-Eisenach setzte so noch einmal einen Kontrapunkt zum übermächtigen konservativen Preußen.

1903 entstand unter Schirmherrschaft des Großherzogs in Weimar der Deutsche Künstlerbund. Zu dessen Initiatoren zählten neben Kessler unter anderem Walter Leistikow, Max Klinger, Alfred Lichtwark, Max Liebermann, Lovis Corinth und Max Slevogt. Diese erste moderne überregionale Künstlervereinigung, die über die bisher bestehenden „Sezessionen" in München und Berlin hinausging, sorgte für großes Aufsehen. Sie war gegen die Bevormundung durch den staatlichen Kunstbetrieb gerichtet und wollte neuen Strömungen wie dem Impressionismus ein offenes Forum geben sowie junge Künstler fördern. Das großzügige mäzenatische Wirken Wilhelm Ernsts für die kulturelle Moderne wurde durch das Erbe seiner Großmutter, Großherzogin Sophie, möglich.

Der weltläufige Schöngeist Kessler, Herausgeber der Kulturzeitschrift „Pan" und mit Elisabeth Förster-Nietzsche befreundet, war 1902 nach Weimar gekommen. Er wurde zum Leiter des Großherzoglichen Museums für Kunst und Kunstgewerbe, der heute nach ihm benannten Kunsthalle am Goetheplatz, und gewann großen Einfluss. Mit viel beachteten Ausstellungen rückte er Weimar wieder in die erste Reihe der zeitgenössischen Kulturstädte, wie München, Berlin und Dresden. In Theater und Buchkunst star-

Das heutige Hauptgebäude der Bauhaus-Universität wurde 1911 von Henry van de Velde errichtet.

tete er ähnliche Bemühungen, etwa mit seiner „Cranach-Presse“ für kostbare Bücher. Nicht ganz ohne eigenes Zutun brachte sich der häufig verreiste Kessler freilich auch in Frontstellung zu den konservativen Kreisen am Hof und im Bildungsbürgertum. 1906 stürzte er über eine Ausstellung von Aktzeichnungen Auguste Rodins, die dieser dem Großherzog geschenkt hatte. Eine heftige Kampagne entzündete sich an der Widmung nahe dem Intimbereich einer dargestellten Frau. Da sich der Großherzog nicht klar zu Kessler bekannte, trat dieser von seinen Ämtern zurück.

Der belgische Architekt und Designer Henry van de Velde kam ebenfalls 1902 als künstlerischer Berater des Großherzogs nach Weimar. Als „Universalkünstler“ und Protagonist des Jugendstils hatte er sich bereits einen Namen gemacht. Für die von Hans Olde in modernem Geist geleitete Kunstschule errichtete van de Velde zwischen 1904 und 1911 das Jugendstilhauptgebäude („Henry-van-de-Velde-Bau“) sowie einen gegenüberliegenden Baukörper. In Letzterem war die von Van de Velde geleitete Kunstgewerbeschule untergebracht. Mit ihrer an der wirtschaftlichen Praxis ausgerichteten Verbindung von Kunst und Kunsthandwerk wies sie bereits auf das Bauhaus voraus. Ähnlich wie einst bei Friedrich Justin Bertuch sollten damit auch der regionalen Wirtschaft positive Impulse gegeben werden.

Unter Van de Veldes Werken ragt neben der Kunstschule und der erwähnten Villa Silberblick mit dem Nietzsche-Archiv das Haus Hohe Pappeln in der Belvederer Allee heraus, das heute zur Klassik Stiftung gehört. Van de Velde ließ es 1908 als Wohnsitz für seine Familie errichten. Er verzichtete dabei auf ornamentalen Zierrat, sondern orientierte sich an der Ästhetik der modernen Industrie und Zweckmäßigkeit. Das Weimarer Bürgertum freilich bevorzugte andere Architekten bei den zahlreichen Villenneubauten jener dynamischen Aufbruchszeit, die meist dem pompösen wilhelminischen Historismus oder Jugendstil verpflichtet sind. Allein der Architekt und Bauunternehmer Rudolf Zapfe errichtete rund 400 Villen und Wohnhäuser vorzugsweise im gutbürgerlichen Südwesten, dem er damit sein Gepräge gab. Van de Velde bekam schließlich auch die wachsende Ausländerfeindlichkeit während des Ersten Weltkrieges zu spüren. 1915 wurde die Kunstgewerbeschule geschlossen und 1917 verließ er Weimar.

1919 entstand aus der Kunst- und Kunstgewerbeschule das Staatliche Bauhaus Weimar als „Wiege der Moderne" in Architektur, Kunst und Design.

Obwohl Kessler und van de Velde als Protagonisten des „Neuen Weimars" letztlich gescheitert waren, wurden ihre Impulse nach dem Umsturz von 1918 zum Teil wiederaufgenommen. Darüber hinaus erlangten sie im Bauhaus eine nachhaltige Wirkung, die heute als Weltkulturerbe eingestuft wird. Ohne die Aufbruchsstimmung der jungen Republik, der Weimar seinen Namen verliehen hat, wäre dieser spektakuläre kulturelle Neuanfang kaum denkbar gewesen. Das Bauhaus wurde geradezu zum kulturellen Symbol der Republik – bei Befürwortern wie Kritikern. Das wiederum sollte ihm in Weimar und im neuen Freistaat Thüringen rasch zum Verhängnis werden.

Zunächst versuchte der Freistaat Sachsen-Weimar-Eisenach unter der provisorischen Regierung August Baudert die im Krieg zum Erliegen gekommenen Weimarer Hochschulen wieder in Gang zu bringen. Dabei entschied man sich für einen konzeptionellen Neuanfang, der an die Ideen des „Neuen Weimars" anknüpfte. Am 12. April 1919 erhielt die aus der Großherzoglich-Sächsischen Hochschule für bildende Kunst und der Großherzoglichen Kunstgewerbeschule gebildete Einrichtung den Namen „Staatliches Bauhaus in Weimar".

An die Spitze des Bauhauses trat als Direktor der 1915 noch von Henry van de Velde vorgeschlagene Architekt Walter Gropius. Gropius gehörte zu den renommiertesten zeitgenössischen Architekten. Er war Mitglied des 1907 gegründeten Deutschen Werkbundes, der auf eine moderne, funktionsorientierte Architektur in Abkehr vom Historismus sowie auf die Verbindung von Kunst, Handwerk und Industrie setzte. In der Revolutionszeit hatte sich Gropius im Berliner Arbeitsrat für Kunst engagiert, der den modernen Ideen in Kunst und Architektur mit dem Schwung der „neuen Zeit“ zum Durchbruch verhelfen wollte.

Sitz der Hochschule wurde der Van-de-Velde-Bau, heute das Hauptgebäude der Bauhaus-Universität Weimar. Gropius machte das Bauhaus zur „Wiege der Moderne“, zu einem der wichtigsten Impulsgeber der klassischen Moderne in Architektur, Kunst und Design. Hierfür konnte er neben einigen Professoren der alten Kunsthochschule namhafte Vertreter der Moderne wie Lyonel Feininger, Johannes Itten, Josef Albers, Paul Klee, Wassily Kandinsky, Oskar Schlemmer oder László Moholy-Nagy gewinnen. Zu den Grundideen zählten die Harmonisierung von Kunst und Handwerk im Geiste der mittelalterlichen Bauhütten sowie eine klare, funktionale Formensprache. Gropius' Gründungsmanifest des Bauhauses vom April 1919 zierte denn auch programmatisch der Holzschnitt „Kathedrale“ von Lyonel Feininger.

Das „Haus am Horn“ am Ilmpark wurde als Musterbau der Bauhaus-Ausstellung 1923 errichtet.

Höhepunkt der mit vielen Kulturtraditionen brechenden Tätigkeit war die große Weimarer Bauhaus-Ausstellung im Sommer 1923. Sie zog zahlreiche internationale Gäste an die Ilm. Als frühestes Beispiel der auf schnörkellose Funktionalität ausgerichteten Architektur und Inneneinrichtung gilt das von Georg Muche für die Ausstellung errichtete Musterhaus „Haus am Horn". Darüber hinaus gelang es dem Bauhaus jedoch nicht, in der Krisenzeit mit rasant steigernder Inflation nennenswerte Bauaufträge in Weimar zu akquirieren.

Das konservative Bildungsbürgertum und seine Presse verfemten es zudem rasch in einer politisierten Kampagne als „Kulturbolschewismus" und „jüdische Unkultur". Das Haus am Horn zog neben den Studentenarbeiten besonders heftige Kritik auf sich, galt als „niederes, orientalisches Bauwerk", das in Weimar nichts zu suchen habe. Das avantgardistische Erscheinungsbild der Schule, ihrer Lehrer und Studenten, die freizügigen Feierlichkeiten bis hin zum nächtlichen Nacktbaden in der Ilm taten das Ihrige. Dagegen konnte auch der große überregionale Zuspruch für das Bauhaus wenig ausrichten.

Eines der wenigen Baudenkmale des Bauhauses ist das 1922 von Walter Gropius auf dem Hauptfriedhof errichtete Märzgefallenendenkmal. Es ehrte die Opfer des Kapp-Putsches vom 15. März 1920 und war wegen seiner expressionistischen Form eines aus dem Sockel hervorspringenden Blitzes heftig umstritten. 1935 von den Nationalsozialisten zerstört, wurde das ursprünglich in Ehringsdorfer Travertin ausgeführte Denkmal 1946 in Beton erneuert.

Der schwere Stand des Bauhauses spitzte sich mit dem Antritt einer bürgerlich-konservativen Landesregierung 1924 weiter zu. Diese verfügte unter Verweis auf die allgemeine Finanznot der Zeit eine Halbierung der Haushaltsmittel und kündigte die Arbeitsverträge der Meister zum 31. März 1925. Daraufhin erklärten Gropius und seine Mitstreiter im Dezember 1924 das Weimarer Bauhaus zum 1. April 1925 für aufgelöst. Auch wenn die häufig gebrauchten Formulierungen vom „Vertreiben" oder „Verjagen" der Kunstschule im Vergleich mit späteren Entwicklungen zu martialisch erscheinen, so war deren Abschied aus Weimar doch alles andere als freiwillig.

Das Bauhaus zog nun nach Dessau um, wo eine liberalere Kommunalpolitik die renommierte Hochschule gerne aufnahm. In Weimar setzte die Staatliche Hochschule für Handwerk und Baukunst unter Architekt Otto Bartning die Bestrebungen des Bauhauses mit einer Reihe verbleibender Mitarbeiter in moderater Form fort. Diese wurde schließlich mit der 1921 wiederbelebten traditionellen Kunsthochschule 1930 zur Staatlichen Hochschule für Baukunst, bildende Künste und Handwerk in Weimar zusammengeschlossen.

Die „Goldenen Zwanziger" haben in Weimar deutliche städtebauliche und kulturelle Spuren hinterlassen.

Die „Goldenen Zwanziger" haben sich in Weimar deutlich im Stadtbild verankert, wobei ungeachtet des Bauhaus-Abschieds durchaus auch der moderne Geist jener Zeit zur Geltung kam. Ein kurzer Konjunkturaufschwung führte ab 1924 zu zahlreichen Investitionen und öffentlichen Bauprojekten. Herzstück war der großzügige Grünzug mit seinen Freizeit-, Sport- und Veranstaltungsbauten westlich der Jakobsvorstadt. 1928 wurden Stadion und Schwanseebad fertiggestellt, 1932 folgte die Weimarhalle. Das Veranstaltungszentrum im Bauhaus-Stil, das Weimar als Kultur- und Kongressstadt erheblich profilierte, entstand direkt hinter dem Bertuch-Haus. Die anschließende Parkanlage von Frorieps Garten wurde zum Weimarhallenpark umgestaltet, wie man es zuvor bereits mit den Schwansee-Anlagen für das neue Bad getan hatte. Zeitgleich erfolgte die Erweiterung der Stadt durch aufgelockerte Wohnquartiere nordwestlich der neuen Anlagen.

Auch die Museumslandschaft wurde neu geordnet. Mit der Abdankung des Großherzogs im November 1918 ging die Verantwortung größtenteils an den neuen republikanischen Staat über.

1921 kam es zu einer Einigung mit den Ernestinern, die entschädigt wurden und auf einige Einrichtungen noch einen gewissen Einfluss behielten. So verblieben ihnen die Fürstengruft und ein „Insitzrecht“ im Südflügel des Schlosses und im Marstall und sie hatten Anteil an der Verwaltung des Goethe- und Schiller-Archivs. Alle übrigen Kultureinrichtungen, das Nationaltheater, die Hochschulen, Museen, Schlösser und Gärten gingen in staatliche Trägerschaft über.

Markanteste Veränderung war die Schaffung der Staatlichen Kunstsammlungen zu Weimar im Schlossmuseum 1922. Unter der Leitung von Wilhelm Köhler entwickelten sie sich in den 1920er-Jahren zu einem Zentrum der zeitgenössischen Kunst. Zahlreiche Werke von Bauhaus-Künstlern und Expressionisten (Lyonel Feininger, Paul Klee, Wassily Kandinsky, Franz Marc) waren zu sehen. Die Bilder Feiningers mit Motiven aus Weimar und dessen Umland, etwa der Kirche in Gelmeroda, gehören heute zum Kernbestand der Weimarer Kultur. Darüber hinaus geht die Präsentation der Kunstsammlung vom Mittelalter bis zur Moderne um 1900 in jene Zeit zurück. Höhepunkte bilden die Cranach-Galerie mit weiteren Vertretern altdeutscher Malerei sowie Werke von Caspar David Friedrich, Johann Heinrich Wilhelm Tischbein, Auguste Rodin und Max Beckmann. Hinzu kommen Plastik und Kunsthandwerk der Zeit um 1800. Im Zusammenspiel mit den klassizistischen Räumlichkeiten der Goethe-Zeit entstand so eines der bemerkenswertesten Museen Thüringens.

VII. „Muster-Gauhauptstadt“

Weimar in der Zeit des Nationalsozialismus

Jener epochale Aufbruch in die Moderne im Zeichen von Weimarer Republik und Bauhaus war von Beginn an gerade an seinem Ursprungsort höchst gefährdet. Weimar entwickelte sich früh zu einer Hochburg der NSDAP. Die Republik blieb stets krisenbehaftet und wurde von rechts und links hasserfüllt bekämpft. Die Nationalsozialisten unter Adolf Hitler konnten nach nur knapp anderthalb Jahrzehnten die Republik wieder beseitigten.

Nirgendwo sonst lässt sich dieser verhängnisvolle Prozess so deutlich nachvollziehen wie im Freistaat Thüringen. Schrittweise schwangen sich die Nationalsozialisten vom Steigbügelhalter bürgerlicher Kabinette 1924 über den Koalitionspartner der Bürgerlichen 1930 bis hin zur Regierungspartei 1932 auf. Landtag und Landesregierung wurden zum „Experimentierfeld“ für die totalitären Ziele der NSDAP vor deren „Machtergreifung“ in Deutschland 1933. In der Landeshauptstadt war der Zuspruch für die „Nazis“ besonders groß und beförderte den Aufstieg zur nationalsozialistischen „Muster-Gauhauptstadt“.

1920 wurde Weimar Landeshauptstadt des neuen Freistaates Thüringen, der politisch tief gespalten war.

Zunächst einmal war es in Thüringen zu einschneidenden Veränderungen gekommen. Der Weltkrieg hatte die Diskussionen um die Kleinstaaten erneut angefacht. Mit dem Sturz der Monarchien 1918 entstanden neben dem Freistaat Sachsen-Weimar-Eisenach sieben weitere Freistaaten (= Republiken), die jedoch nur ein Übergangsphänomen darstellten. Am 1. Mai 1920 trat durch deren

Zusammenschluss der Freistaat Thüringen als föderaler Gliedstaat Deutschlands mit der Landeshauptstadt Weimar ins Leben. Dies bezeichneten die Zeitgenossen als „Kleinthüringen", da Coburg sich 1920 dem Freistaat Bayern anschloss und die preußischen Gebiete mit Erfurt noch nicht in ein „Großthüringen" integriert werden konnten.

Mit der Übernahme der Funktion als Landeshauptstadt Thüringens waren die alten Ambitionen Weimars von Erfolg gekrönt – freilich unter Umständen, die weite Teile der Bevölkerung eher mit Skepsis sahen. Die Einrichtungen des neuen Freistaates verteilten sich auf Gebäude im Umfeld des Schlosses, da in jener Notzeit an repräsentative Neubauten nicht zu denken war. Das Staatsministerium nahm seinen Sitz im Reithaus, der Landtag bezog das nahe Fürstenhaus, der Staatsrat als Vertretung der ehemaligen Einzelstaaten den Marstall, in den später das Volksbildungs- und Justizministerium einzogen. Die übrigen Ministerien und Landesbehörden kamen meist in Verwaltungsgebäuden des einstigen Großherzogtums unter.

Die frisch gebackene Landeshauptstadt geriet sofort in den Fokus der „großen Politik". Der Landesregierung und dem Landtag kam nunmehr eine weit größere Bedeutung zu als in der konstitutionellen Monarchie. Von Beginn an standen sich ein linkes und rechtes Lager gegenüber: im sozialistischen Lager die SPD und die 1919 gegründete linksradikale KPD, im bürgerlichen Lager die linksliberale DDP, rechtsliberale DVP, konservative DNVP und katholische Zentrumspartei. Das Verhältniswahlrecht begünstigte dann ein Ausfasern des Parteienspektrums, etwa mit der Wirtschaftspartei und dem Thüringer Landbund.

Auf der äußersten Rechten etablierte sich die 1919 in München gegründete NSDAP als stärkste Kraft. 1921 trat Adolf Hitler als „Führer" an deren Spitze. Die NS-Ideologie griff gängige Ideen der völkischen Szene auf: eine rassisch einheitliche „Volksgemeinschaft", „Führertum", Kampf der Rassen bei Überlegenheit der arischen, nordisch-germanischen Rasse und radikaler Antisemitismus. Über die Revision des Versailler Vertrages 1919 hinaus sollte sich das deutsche „Volk ohne Raum“ neue Siedlungsgebiete im Osten erkämpfen. Hinzu kamen die Frontstellung zur linken Arbeiterbewegung und ein entschiedener Antiparlamentarismus.

Von Bayern ausgehend etablierten sich seit 1922 erste Ortsgruppen in Thüringen. Bis zum gescheiterten Münchner Hitler-Putsch 1923 blieb es allerdings bei einem eher losen Verbund mit hoher Fluktuation von und zu anderen völkisch-nationalen Organisationen. Erst mit der Gründung des Gaues Thüringen der NSDAP mit Sitz in Weimar am 1. März 1925 begann der rasche Aufstieg. An der Spitze des Gaues stand zunächst Artur Dinter, der sich als antisemitischer Schriftsteller mit dem Bestseller „Die Sünde wider das Blut“ (1917) einen Namen gemacht hatte.

Die erste Weimarer Landesregierung aus DDP und Sozialdemokraten 1920/21 konnte noch an den Aufbruchsgeist der „Weimarer Koalition“ der Nationalversammlung anknüpfen. Allerdings war die Nachkriegszeit von politischen Spannungen und Bürgerkrieg gekennzeichnet. Sie gipfelten im Kapp-Putsch vom März 1920. Dieser Umsturzversuch wurde von den militärischen Freikorps unter Wolfgang Kapp und General Walther von Lüttwitz getragen und sollte die Republik stürzen. Er scheiterte am Generalstreik der Arbeiter und der Verweigerung durch die Beamtenschaft. Die zahlreichen blutigen Auseinandersetzungen im Gefolge des Putsches vertieften jedoch die Gräben zwischen linker Arbeiterschaft und Bürgertum.

Dies prägte auch in Weimar das politische Klima nachhaltig. Seit dem 13. März war es zu Unruhen gekommen, worauf die Reichswehr die Stadt militärisch besetzte. Neben der noch immer auf Ausgleich bedachten SPD unter August Baudert trat seit ihrer Gründung am 1. Mai 1919 auch die lokale KPD stärker hervor und mobilisierte jetzt die Arbeiterschaft. Am 15. März 1920 versammelten sich viele Arbeiter vor dem Volkshaus, um gegen den Putsch zu protestieren. Das Militär ging gewaltsam gegen die Demonstration vor, wobei neun Tote und zahlreiche Verletzte zu beklagen waren.

Einer linken Regierung von 1921 bis 1923 folgte von 1924 bis 1929 eine bürgerliche Regierung unter starkem Einfluss der Rechten.

1921 trat eine SPD-USPD-Landesregierung unter August Frölich (SPD) ihr Amt an, die von der KPD toleriert wurde. Jenes „rote Thüringen" sollte die Atmosphäre weiter aufheizen. Maßnahmen wie die Einführung neuer Feiertage (1. Mai und 9. November) auf Kosten kirchlicher, eine Reform des Bildungswesens und die Förderung des Bauhauses brachten das bürgerliche Lager auf. Die von Wirtschaftskrise und Inflation begleitete Amtszeit Frölichs gipfelte in der „Volksfrontregierung" von SPD und KPD im Herbst 1923. In jener angespannten Situation mit einem drohenden rechten „Marsch auf Berlin" von Bayern aus und der Aufstellung Proletarischer Hundertschaften in Thüringen erfolgte am 5. November der Einmarsch von Reichswehrtruppen, die die vollziehende Gewalt übernahmen.

Die Bürgerparteien setzten jetzt gemeinsam als Thüringer Ordnungsbund alles auf die Entmachtung der Linken. Einer ihrer Slogans lautete: „Das ganze Land kam auf den Hund, uns hilft nur noch der Ordnungsbund!" Die Landtagswahl 1924 brachte jedoch keine absolute Mehrheit. 35 bürgerlichen Abgeordneten standen 30 linke Abgeordnete bei 72 Mandaten gegenüber. Dies brachte die sieben Nationalsozialisten in eine Schlüsselposition. Die Weimarer Vorgänge wurden von reichsweiter Aufmerksamkeit begleitet. Als „Zünglein an der Waage" schlug nun die Stunde des Antisemiten Artur Dinter. Dem Kabinett unter Richard Leutheußer (DVP) stimmte er unter der Bedingung zu, dass „die Regierung nur aus deutschblütigen, nichtmarxistischen Männern besteht". Dem fiel der jüdische DDP-Regierungskandidat Eduard Rosenthal zum Opfer, Schöpfer der Landesverfassung von 1921.

Die Tolerierungspartner konnten noch weitere Erfolge verzeichnen, etwa den Rücktritt des jüdischen Staatsbankdirektors Walter Loeb. Auf einer Linie lagen Nationalsozialisten und Bürgerliche auch in der Frage des Bauhauses, das 1925 nach Dessau abwanderte. Das politische Klima in Thüringen beförderte aber nicht zuletzt die Erholung der NSDAP nach dem gescheiterten Hitler-Putsch vom 9. November 1923. Am 3./4. Juli 1926 fand ihr erster Reichsparteitag nach der Wiedergründung in Weimar statt. Dort wurde die Nachwuchsorganisation „Hitler-Jugend" gegründet. Als Tagungsstätte hatte man das Nationaltheater ausgewählt, um den Geburtsort der verhassten Republik symbolisch in Beschlag zu nehmen. Hitler, der zeitweise nur in Thüringen öffentliche Reden halten durfte, erwog kurzzeitig sogar die Verlegung der Parteileitung nach Weimar.

Allerdings gelang es den Nationalsozialisten noch nicht, sich dauerhaft als bestimmende Kraft im Landtag zu etablieren. Eine wesentliche Rolle spielten hierbei Machtkämpfe um die Parteiführung sowie Querelen mit anderen völkischen Gruppierungen. So konnten die Bürgerlichen in der einzigen vollen Legislatur von 1924 bis 1927 ihre Vorstellungen weitgehend umsetzen. Entgegen kam ihnen hierbei die Stabilisierung der Situation in den mittleren 1920er-Jahren, den „Goldenen Zwanzigern". Dementsprechend erreichte die NSDAP bei den Landtagswahlen 1927 nur zwei Mandate.

Die kommunale Ebene bewegte sich im Schatten der turbulenten Landespolitik in eher ruhigen Bahnen. Die bürgerlichen Parteien konnten unter den neuen demokratischen Verhältnissen ihre Vorherrschaft behaupten. Bei den Gemeinderatswahlen vom 23. März 1919 erreichten sie wie zuvor bei der Nationalversammlung eine klare absolute Mehrheit. Martin Donndorf, der letzte Oberbürgermeister der Kaiserzeit, blieb bis 1920 im Amt und wurde 1930 zum Ehrenbürger erhoben. Ihm folgte mit Walther Felix Mueller ein bürgerlicher Kommunalpolitiker, der die Stadt über alle Turbulenzen hinweg bis 1937 führte.

Mit den ambitionierten Projekten der 1920er-Jahre setzte die bürgerliche Kommunalpolitik nachhaltige Impulse im Städtebau und beförderte die Entwicklung zur Fremdenverkehrs- und Kongressstadt. Die Bevölkerungszahl stieg rascher als in den vergangenen Jahrzehnten auf fast 50.000 an, wofür nicht zuletzt die Eingemeindung von Ehringsdorf, Oberweimar und Tiefurt 1922 sorgte.

1930 gelangten in Weimar erstmals Nationalsozialisten in die Landesregierung und machten Thüringen zum „Experimentierfeld für die ‚Machtergreifung'".

Die Erholungsphase der Republik hielt freilich nicht lange an. Damit geriet Weimar nach einigen ruhigeren Jahren wieder in den Fokus der überregionalen Aufmerksamkeit. Nach der Landtagswahl 1929 waren die bürgerlichen Parteien (23 Abgeordnete) gegenüber den Arbeiterparteien (24 Abgeordnete) bei der Regierungsbildung erneut auf die äußerste Rechte angewiesen. Die sechsköpfige NSDAP-Fraktion unter Fritz Sauckel gab sich allerdings nicht mehr mit einer Tolerierung zufrieden. Adolf Hitler persönlich setzte die Berufung des Putsch-Teilnehmers von 1923, Wilhelm Frick, zum Innen- und Volksbildungsminister in der von Erwin Baum (Landbund) geführten Regierung durch. In Weimar gelangte so 1930 erstmals ein Nationalsozialist auf den Ministersessel eines deutschen Landes.

Der spätere Reichsinnenminister nutzte die beiden Schlüsselressorts als „Experimentierfeld für die ‚Machtergreifung'" 1933. Frick ging sofort an die „Säuberung" des Beamtenapparates, an Maßnahmen wie den Erlass „Wider die Negerkultur für deutsches Volkstum", nationalistische „Schulgebete" und die Berufung des Rassekundlers Hans F.K. Günther („Rasse-Günther") an die Landesuniversität Jena. In Weimar setzte Paul Schultze-Naumburg als Leiter der Hochschule für Baukunst, bildende Künste und Handwerk den modernen Bestrebungen im Bauhaus-Geist endgültig ein Ende. In Thüringen konnte man so erstmals erahnen, was im Falle einer nationalsozialistischen Machtübernahme zu erwarten war.

Hierbei profilierte sich NSDAP-Gauleiter Fritz Sauckel als Fraktionsführer im Weimarer Landtag zum Einpeitscher. Sauckel hatte seit 1925 als Gau-Geschäftsführer maßgeblichen Anteil am rasanten Aufstieg der Partei. 1927 verdrängte er den sektiererischen Artur Dinter mit Billigung Hitlers als Gauleiter. Während der immer rüderen Debatten im Landtag seit 1930 offenbarte sich die eingefahrene Frontstellung zwischen den Arbeiterparteien und dem bürgerlich-nationalen Block, der die Tätigkeit Fricks mittrug. Bezeichnenderweise führte nicht die Regierungspraxis Fricks zum Bruch der Koalition 1931, sondern die heftigen verbalen Attacken, denen sich die Bürgerlichen durch Sauckel ausgesetzt sahen. Das Minderheitenkabinett Baum regierte unter Duldung der SPD noch bis Juli 1932.

Dann zerbrach das labile Zweckbündnis an den extremen wirtschaftlichen und sozialen Verwerfungen, die Thüringen seit Beginn der Weltwirtschaftskrise Ende 1929 mit aller Wucht erfasst hatten. Das zeigte sich auch in Weimar sehr deutlich. Die Waggonfabrik als größter Industriebetrieb musste ihre Produktion nahezu völlig einstellen, die Arbeitslosenzahl der Stadt stieg von 1.773 (1930) auf 3.390 (1932). Viele Familien waren existenziell gefährdet, die Kommune konnte die Sozialausgaben kaum noch aufbringen. Der Verelendungsprozess erfasste weite Bevölkerungsteile, da auch der öffentliche Dienst und der auf ein Viertel der Vorkrisenzeit zurückgehende Fremdenverkehr von der Abwärtsspirale betroffen waren.

1932 kam es in Weimar zur „vorgezogenen ‚Machtergreifung'" der Nationalsozialisten, die die Landesregierung Thüringens übernahmen.

Die Weltwirtschaftskrise stellte so den maßgeblichen Resonanzboden für den Aufstieg der NSDAP dar. Die Partei verband geschickt nationale Themen wie die Revision des „Versailler Schandvertrages", soziale Versprechungen und die Diskreditierung der demokratischen „Systemparteien", die an allem Elend schuld seien. Die Partei brachte sich in die Position eines „letzten Retters aus der Not", deren Führer als „nationaler Messias" erschien. Dies schlug sich in der Landtagswahl vom 31. Juli 1932 deutlich nieder. Mit 42,5 Prozent stellte die NSDAP den klaren Gewinner. In Weimar erzielte sie 44,7 Prozent, in der gleichzeitigen Reichstagswahl sogar 52,9 Prozent. Hierbei bildete das von seinen alten Eliten enttäuschte Kleinbürgertum den Kern der NS-Anhänger.

Nach dieser „Erdrutschwahl" kam es zur „vorgezogenen Machtergreifung" in Thüringen. Am 26. August 1932 nahm die Regierung Sauckel als vierte NSDAP-geführte Landesregierung in Weimar ihre Geschäfte auf. Während ihrer kurzen Amtszeit bis zur „Machtergreifung" im Reich zielte sie auf die Aushöhlung des parlamentarischen „Systems", an 1930 begonnene „Säuberungen" knüpfte man sofort an. Parallel nutzte die NSDAP Regierung und Parlament rücksichtslos für Propaganda und Machtausbau. In seiner Regierungserklärung nahm Sauckel bereits Grundmaximen des Dritten Reiches voraus. Er betonte, dass „über die wirtschaftliche und politische Sicherung des Landes hinaus die Entfaltung und Gestaltung aller geistigen und seelischen Kräfte in Rasse und Volkstum" im „Geiste nationalen Lebens-, Aufbau- und Wehrwillens, im Geiste einer wahrhaften und sozialen Volks- und Schicksalsgemeinschaft" erreicht werden müssten.

Mit der „Machtergreifung" 1933 begann Weimars Aufstieg zur „Muster-Gauhauptstadt" im Dritten Reich.

Mit der Ernennung Adolf Hitlers zum Reichskanzler am 30. Januar 1933 durch Reichspräsident Paul von Hindenburg begann die „Machtergreifung" der Nationalsozialisten in Deutschland. Mit der „Reichstagsbrandverordnung" vom 28. Februar 1933 wurden alle Grundrechte außer Kraft gesetzt und konnten politische Gegner in „Schutzhaft" genommen werden. Tausende „Nazi"-Gegner, zunächst vor allem Kommunisten und Sozialdemokraten, wurden verschleppt. Hierzu gehörten auch 15 führende KPD-Funktionäre in Weimar, denen zahlreiche weitere Verhaftungen folgen sollten. Am 23. März 1933 übertrug das „Ermächtigungsgesetz" der Regierung Hitler die Gesetzgebung. In den Folgejahren gelang die „Gleichschaltung" von Staat und Gesellschaft unter brutaler Ausschaltung aller politischen Gegner. Zugleich konnte sich die NS-Diktatur dank innen- und außenpolitischer Erfolge auf den Rückhalt breiter Bevölkerungsschichten stützen.

Diese Entwicklung verlief in Thüringen weitgehend reibungslos, wobei sich Fritz Sauckel in Weimar zum „Muster-Gauleiter" profilierte. Zusätzlichen Rückhalt gab ihm sein gutes Verhältnis zu Adolf Hitler und Vertretern aus dessen engster Umgebung wie Martin Bormann. Bormann, in der „Kampfzeit" Sauckels Gau-Geschäftsführer, besaß als Sekretär Hitlers großen Einfluss. Am 5. Mai 1933 wurde Sauckel zum Reichsstatthalter für Thüringen ernannt. 1942 stieg er zum „Generalbevollmächtigten für den Arbeitseinsatz" auf und gehörte damit endgültig zum Führungskreis um Hitler. Die rücksichtslose Rekrutierung von über fünf Millionen europäischen Zwangsarbeitern sollte den Kollaps der Kriegswirtschaft verhindern. Hierfür wurde „Hitlers Sklavenhalter" 1946 vom Nürnberger Militärtribunal zum Tode verurteilt.

Ein zentrales Element der neuen Herrschaft war die NSDAP, die 1933 per Reichsgesetz zur einzigen Staatspartei erhoben wurde. Auch dies kam Sauckel entgegen, da sich die Ausformung der Parteiherrschaft wesentlich auf Gau-Ebene vollzog. Bis 1937 blähte sich die Gauleitung in Weimar zu einer Behörde mit 29 Gau-Ämtern auf. An deren Spitze standen Schlüsselpersonen, wie „Kulturdiktator" Hans Severus Ziegler (Gau-Kulturamt), Ministerpräsident Willy Marschler (Gau-Heimstättenamt) oder Karl Astel (Gau-Amt für Rassenpolitik). Hinzu kamen die „Gliederungen" der Partei, die die Menschen aller Altersgruppen, Interessen und Berufe beeinflussen sollten: Hitlerjugend, NS-Studentenbund, NS-Lehrerbund, NS-Ärztebund, NS-Beamtenbund, NS-Kraftfahrkorps usw. Auch die SA besaß als SA-Gruppe Thüringen eine regionale Leitungsstruktur.

Zum NSDAP-Gau gehörten das Land Thüringen, der preußische Regierungsbezirk Erfurt und der Kreis Schmalkalden. Damit hatte Sauckel auf der Parteiebene „Großthüringen“ unter seiner Verfügungsgewalt. Nach der „Gleichschaltung“ der Länder gewann die Partei zudem machtpolitisch noch an Bedeutung. Seine Bestrebungen nach einem einheitlichen „Reichsgau Thüringen“ scheiterten jedoch an einer ausbleibenden Reichsreform. Immerhin konnte Sauckel viele Machtkompetenzen in Weimar bündeln und 1944 die Befugnisse eines Oberpräsidenten für das preußische Thüringen übernehmen.

Hitler zeigt sich beim Gau-Tag 1938 auf dem Balkon des Hotels „Elephant“, dahinter Gauleiter Fritz Sauckel.

Propagandistisch wurde Thüringen ohnehin als „Mustergau" gefeiert. Auf pompösen Festveranstaltungen verwies man voller Stolz auf die wichtige Rolle vor wie nach der „Machtergreifung". Heraus ragten die Gau-Tage 1936 und 1938 in Weimar mit Aufmärschen, Empfängen, Kulturveranstaltungen und umjubelten Auftritten des „Führers". Der Gau-Tag vom Juli 1936 zielte besonders auf das zehnte Jubiläum des Reichsparteitages von 1926 und war zugleich eine demonstrative Erfolgsbilanz. Mit dem Spatenstich für ein neues „Gauforum" sollte zudem der Blick in die Zukunft gerichtet werden. Noch aufwendiger wurde der Gau-Tag 1938 begangen. Nach dem Anschluss Österreichs und des Sudetenlandes umjubelten vom 4. bis 6. November 1938 insgesamt 200.000 Thüringer den „Führer" in Weimar, der nur knapp zwei Jahrzehnte nach dem „Versailler Schanddiktat" mit den Worten von Gauleiter Sauckel das „einige, unteilbare und heilige ewige Großdeutschland" geschaffen habe.

Mit alldem sollte die Gauhauptstadt Weimar laut Sauckel auch von dem Makel befreit werden, „dass sich mit ihrem Namen durch die Nationalversammlung der Begriff eines Systems verbinden musste, das Deutschland aus dem Chaos der Revolution in den Parteienkampf aller gegen alle stürzte". Die Erinnerung an die verhasste Weimarer Republik sollte dadurch übertüncht werden, dass man unausgesetzt betonte, wie die Thüringer von Beginn an „im völkischen Freiheitskampf und treu zum Führer standen und die Abwehrkräfte gegen Judentum, Freimaurerei und Marxismus wachriefen". So setzte man eine groß angelegte Umdeutung der historischen Erinnerungslandschaft in Gang, für die die Entfernung von Walter Gropius' Gedenktafel für die Nationalversammlung am Deutschen Nationaltheater am 26. März 1933 den Auftakt bildete.

Mit der Wilhelm-Gustloff-Stiftung baute Sauckel Weimar zur Musterindustriestadt aus, in der sich auch die Wehrmacht ansiedelte.

Gauleiter Sauckel wurde auch in der Wirtschaftspolitik mit Erfolg aktiv. Die Wiederaufrüstung ab 1935 mit Einführung der Wehrpflicht schuf die Voraussetzungen dafür, dass sich Thüringen auch als wirtschaftlicher „Mustergau" profilieren konnte. Den spektakulären Auftakt bildete die Enteignung des Suhler Waffen- und Fahrzeugwerkes der jüdischen Familie Simson. Sie legte den Grundstein für die Wilhelm-Gustloff-Stiftung, deren „Stiftungsführer" Sauckel 1936 wurde. Als NS-Musterbetrieb der boomenden Rüstungswirtschaft mit vielen Zweigbetrieben verlieh die Stiftung Sauckel ökonomische Macht. 1939 waren über 15.500 Mitarbeiter dort beschäftigt. Benannt hatte man die Stiftung nach dem Schweizer NSDAP-Landesleiter Wilhelm Gustloff, der 1936 von einem jüdischen Studenten ermordet worden war.

Das neue „Fritz-Sauckel-Werk" in Weimar (1936/37), das 1940 rund 2.000 Mitarbeiter beschäftigte, wurde zum Kernbetrieb der Wilhelm-Gustloff-Stiftung ausgebaut. Grundstock hierfür war die einstige Waggonfabrik. Darüber hinaus sollte Weimar zu einer Musterindustriestadt von 100.000 Einwohnern ausgebaut werden. Ziel Sauckels war es, seine wirtschaftlich noch immer eher rückständige Gauhauptstadt aus dem Schatten Erfurts und Jenas herauszuholen. Weitere gigantische Repräsentationsbauten, Straßenachsen, Wohnsiedlungen und Gewerbegebiete wuchsen auf dem Papier heran. Anders als beim Gauforum blieb Weimar diese weitgehende Zerstörung seines historischen Charakters jedoch kriegsbedingt erspart. Dennoch machte auch die Klassikerstadt, deren Einwohnerzahl von 1933 bis 1939 von 50.000 auf 65.000 stieg, einen spürbaren wirtschaftlichen Wandel durch.

Das Dritte Reich brachte neben der stark auf Rüstung ausgerichteten Industrialisierung mit dem Bau der Autobahnen auch eine verkehrstechnische Revolution, wenngleich die Pläne in die Zeit der Weimarer Republik zurückreichten. Die Reichsautobahnen sollten mit Blick auf die anfangs hohe Arbeitslosigkeit eine wirtschaftlich-soziale Funktion erfüllen, dienten als „Straßen des Führers" zugleich der NS-Propaganda. Deshalb war die Gauleitung an einer baldigen

Anbindung an das entstehende Autobahnnetz interessiert. Am 18. August 1939 erfolgte die Verkehrsfreigabe der Anschlussstelle Weimar an der wichtigen Ost-West-Magistrale, der heutigen A4. Für die weitere Stadtentwicklung war dies von ähnlicher Bedeutung wie der Anschluss an das Eisenbahnnetz im 19. Jahrhundert.

Ihre wirtschaftliche Position nutzten die Nationalsozialisten auch für sozialpolitische Maßnahmen. Hierzu zählte insbesondere die an die Stelle der Gewerkschaften tretende Deutsche Arbeitsfront (DAF) mit ihrer Gesellschaft „Kraft durch Freude“ (KdF). Daran konnte die Wilhelm-Gustloff-Stiftung unter Gauleiter Sauckel anknüpfen. Sie stilisierte sich mit Altersvorsorge, Gewinnbeteiligung, Wohnungsprogramm, medizinischer Betreuung und Freizeitangeboten zum „Sozialismus der Gesinnung und der Tat“. 1937/38 entstanden direkt neben dem Sauckel-Werk und im hierfür eingemeindeten Schöndorf neue Eigenheimsiedlungen für Mitarbeiter.

Gute Kontakte pflegte der Gauleiter ebenso zum Militär. Im Rahmen der groß angelegten Umbaupläne sollte Weimar auch als „Stadt der Wehrmacht“ profiliert werden. Neben Erfurt wurde es zum wichtigsten Standort in Thüringen. Es erfolgten unter anderem der Ausbau des großherzoglichen Kasernements in der Leibnizallee und der Neubau eines Stabsgebäudes in der Jenaer Straße (1937). Parallel dazu entstand im Norden an der Ettersburger Straße ein riesiges Militärgelände mit der Lützendorfer Kaserne (1936), der Kaserne Am Herrenrödchen (1938) und der Flak-Kaserne (1937). 1935 wurde in Weimar die 1. Panzerdivision gebildet. Sie war die erste einsatzfähige Panzereinheit der Wehrmacht. In Nohra nahe Weimar wurde der Flugplatz als Fliegerhorst und Ausbildungsstätte der Luftwaffe ausgebaut.

Der in Weimar organisierte Terror des NS-Regimes kostete Tausenden Menschen in Thüringen das Leben.

Die brutale Verfolgung von politisch und rassisch ausgegrenzten Menschen gehörte von Beginn an zu den Charakteristika des Dritten Reiches. Die Geheime Staatspolizei (Gestapo) bildete dabei ein wesentliches Instrument. Zunächst in Weimar für das Land Thüringen und in Erfurt für den preußischen Regierungsbezirk tätig, erfolgte 1941 auf Betreiben Sauckels die Zusammenführung in der Staatspolizeistelle Weimar. Deren Hauptsitz befand sich im einstigen Marstall neben dem Schloss. Das heute dort ansässige Thüringische Hauptstaatsarchiv, einer der wichtigsten Orte für die Aufarbeitung der NS-Geschichte, macht hierauf mit einer Ausstellung aufmerksam.

In der ersten Phase der „Machtergreifung" gelang es der Gestapo, die Arbeiterbewegung weitgehend zu zerschlagen. Die Ausschaltung des wichtigsten politischen Gegners, der KPD, erfolgte mit der schubweisen Verhaftung der meisten Funktionäre bis 1936. Auch Sozialdemokraten wie Hermann Brill, von 1920 bis 1933 Weimarer Landtagsabgeordneter, gingen in den aktiven Widerstand. In den Fokus der Verfolgungen gerieten bald auch die Kirchen. Die stark am Nationalsozialismus orientierten „Deutschen Christen" beherrschten die Führungsstrukturen der Thüringer Landeskirche. Einzelne kritische Pfarrer und Laien der Bekennenden Kirche wurden gemaßregelt oder ins KZ Buchenwald gebracht. Dort starb 1939 mit Pfarrer Paul Schneider einer der bekanntesten evangelischen Geistlichen.

Zu den abscheulichen Verbrechen der NS-Diktatur gehört auch die Ermordung behinderter Menschen durch das Euthanasieprogramm, das unter anderem in der Heilanstalt Blankenhain südlich von Weimar durchgeführt wurde. Dies korrespondierte mit den Bemühungen der Gauleitung, Thüringen zum „Mustergau" der „Rassenhygiene" zu entwickeln. In Weimar entfaltete das Landesamt für Rassewesen unter Karl Astel eine unheilvolle Tätigkeit von der Erfassung großer Teile der Bevölkerung bis hin zur Zwangssterilisierung „minderwertiger" Menschen. Astel wurde zugleich 1939 in Jena als erster Rassekundler Rektor einer deutschen Universität.

Schließlich lebten die Nationalsozialisten auch ihren Judenhass in Thüringen voll aus. Vom Boykott am 1. April 1933 und den zahlreichen beruflich-alltäglichen Einschränkungen über die Nürnberger Rassegesetze 1935, die Reichspogromnacht vom 9. November 1938 bis hin zu den „Endlösungs"-Deportationen zieht sich die Spur der Entrechtung und Vernichtung jüdischer Mitbürger. Auch hierbei versuchte sich Sauckel hervorzutun. In seiner Gauhauptstadt bestanden freilich keine größere Gemeinde und keine Synagoge. Herzog Johann hatte in der Reformationszeit die judenfeindliche Haltung Luthers in ein strenges Ansiedlungsverbot gegossen. Unter Herzogin Anna Amalia wurde dies gelockert, ohne dass je mehr als etwa 100 Juden in Weimar gelebt hätten. 1945 war die Stadt praktisch „judenfrei", wie es in der zynischen NS-Sprache hieß. Als Gedenkort dient heute unter anderem der jüdische Friedhof in der Leibnizallee, seit 1775 Begräbnisplatz der Gemeinde.

Das KZ Buchenwald bei Weimar war eines der drei großen Konzentrationslager des Dritten Reiches.

Am eindringlichsten symbolisiert wird der verbrecherische Charakter des Dritten Reiches im System der Konzentrationslager. Mit dem KZ Buchenwald, einem der drei Großlager im Reich neben Dachau und Sachsenhausen, befand sich der größte dieser Terrororte in unmittelbarer Nachbarschaft zu Weimar. Seit 1937 kamen Tausende Häftlinge aus Deutschland und während des Krieges aus ganz Europa nach Buchenwald. Sauckel und die SS hatten sich für den bewaldeten Höhenzug nördlich von Weimar entschieden. Das Lager sollte nach dem Vorbild von Dachau den neuen Typ von Konzentrationslagern verkörpern. Umgeben von Elektrozaun und Postentürmen, errichteten die Häftlinge ein riesiges Barackenlager mit Funktionsgebäuden, Werkstätten, Straßen- und Eisenbahnanschluss. Später kam ein weitverzweigtes Netz von 136 Außenlagern für den Arbeitseinsatz hinzu.

Zunächst für 8.000 „Schutzhäftlinge" konzipiert, vegetierten im Zweiten Weltkrieg bis zu 60.000 und schließlich Anfang 1945 mehr als 100.000 Menschen unter katastrophalen Bedingungen in Buchenwald. Insgesamt wurden schätzungsweise 250.000 Menschen eingewiesen. Obwohl es kein Vernichtungslager wie Auschwitz war, kamen doch Häftlinge massenweise aufgrund der Lebensumstände, harten Arbeit, des Terrors der SS-Aufseher oder medizinischer Experimente ums Leben. 1941/42 fielen etwa 8.000 sowjetische Kriegsgefangene einer gezielten Mordaktion zum Opfer. Einschließlich der anonymen Transporte aus dem Osten und der Evakuierungs-Todesmärsche vom April 1945 schätzt man die Gesamtzahl der Opfer auf 56.000.

Die kahl geschorenen Menschen in gestreifter Häftlingskleidung waren aus verschiedenen Gründen aus der „Volksgemeinschaft" ausgesondert worden. Mit farbigen Winkeln an ihrer Kleidung wurden sie in Gruppen eingeteilt: Rot für politische Häftlinge, Grün für „Vorbeugungshäftlinge" (darunter Kriminelle), Schwarz für „Arbeitsscheue" (darunter auch Sinti und Roma), Lila für „Bibelforscher" (Zeugen Jehovas), Blau für Emigranten, Rosa für

Eingangsgebäude des ehemaligen KZ Buchenwald.

Homosexuelle und Gelb für Juden. Nach 1939 kamen zahlreiche Kriegsgefangene und zu Kriegsende große Transporte jüdischer Häftlinge aus dem Osten hinzu. Unter den prominenten Häftlingen befanden sich hohe Funktionäre, vor allem von KPD und SPD. Am 18. August 1944 wurde der KPD-Vorsitzende Ernst Thälmann in Buchenwald erschossen, während der SPD-Spitzenpolitiker Rudolf Breitscheid wenig später bei einem Luftangriff ums Leben kam. Auch französische Regierungsmitglieder wie Léon Blum, Édouard Daladier und Paul Reynaud zählten zu den Buchenwald-Häftlingen.

Buchenwald gehörte mit zur Profilierung Weimars als „Muster-Gauhauptstadt". Die Ansiedlung des „KL Ettersberg", wegen Bedenken von Goethe-Freunden der NS-Kulturgemeinde rasch in „Buchenwald" umbenannt, fällt nicht zufällig mit anderen Maßnahmen zeitlich zusammen. So gab Hitler während des Gau-Tages in Weimar 1936 mit dem Spatenstich für das Gauforum auch seine endgültige Zustimmung zur Ansiedlung des zentralen mitteldeutschen KZ. Im Blick hatte die Gauleitung dabei besonders die neue SS-Totenkopfstandarte 3 „Thüringen". Die SS wurde in einem Kasernenkomplex und in Eigenheimen für die Offiziere direkt neben dem Lager sowie in einer nahen Siedlung, der heutigen Ettersbergsiedlung, untergebracht. Damit stieg Weimar zu einem der größten Standorte der Eliteeinheit des Dritten Reiches auf.

Die Häftlinge waren zudem billige Arbeitskräfte für die Rüstung. 1943 ging das Gustloff-Werk II direkt neben dem Lager in Betrieb. 1944 arbeiteten in den beiden Stiftungswerken fast 5.000 KZ-Häftlinge neben gut 2.000 Zwangsarbeitern und 1.000 deutschen Arbeitern und Angestellten. Das Lager war darüber hinaus vielfältig mit seinem Umfeld verbunden. In Weimar, das 1937 das KZ-Gelände eingemeindet hatte, arbeiteten Tausende Häftlinge am Gauforum, aber auch in kleineren Arbeitskommandos bis hin zum Privathaushalt von Gauleiter Sauckel in seiner Villa in der Windmühlenstraße. Die von der Gauleitung eifrig hofierte SS unter den Lagerkommandanten Karl Koch und Hermann Pister war voll ins gesellschaftliche Leben integriert.

Vor diesem Hintergrund erscheinen alle Behauptungen nach 1945 unglaubwürdig, von den KZ nichts gewusst zu haben. Allerdings dürfte das Ausmaß des Grauens wohl doch die meisten der Weimarer Bürger erschüttert haben, die am 16. April 1945 auf Befehl der Amerikaner das Lager besichtigen mussten. Das am 11. April 1945 von amerikanischen Truppen befreite KZ wurde in der Weltöffentlichkeit schlagartig zum Synonym des Mord- und Terrorortes in Deutschland. Unmittelbar nach der Befreiung setzte eine intensive Presseberichterstattung der Amerikaner und Briten ein. Der fatale „Nachbar Buchenwald“ sollte so dem strahlenden „Mythos Weimar“ düstere Töne beimischen und zeichnet für die viel zitierte Janusköpfigkeit des nationalen Erinnerungsortes Weimar verantwortlich.

Die Nationalsozialisten nutzten zur Profilierung ihrer „Muster-Gauhauptstadt“ auch die große Kulturtradition Weimars, zu dem sich Hitler sehr hingezogen fühlte.

Ein Hauptakzent bei der Profilierung zum „Mustergau“ lag laut Gauleiter Sauckel auf der „überragenden Kulturtradition des Landes Thüringen“. Der Schwerpunkt wurde dabei auf die Umgestaltung Weimars zu einer repräsentativen Gauhauptstadt gelegt. Sehr entgegen kam Sauckel hierbei die Vorliebe Adolf Hitlers für die Klassikerstadt, die er seit 1925 häufig besucht hatte. „Ich liebe nun einmal Weimar. Ich brauche Weimar, wie ich Bayreuth brauche“, soll Hitler schon 1928 geäußert haben. Auch noch der viel beschäftigte Führer und Reichskanzler ließ es sich nicht nehmen, neben den großen politischen Anlässen Weimar gelegentliche Stippvisiten mit Theater- und Museumsbesuchen, Spaziergängen durch die Parks an der Ilm, in Belvedere und Tiefurt abzustatten.

Zudem verbanden sich wichtige Schritte beim Wiederaufstieg der NSDAP nach 1923 mit Weimar, dessen Bürgerschaft sich früh dem „Führer“ geöffnet hatte. Hierfür war eine rechtskonservative Bildungsschicht um den antisemitischen Literaturhistoriker Adolf

Bartels und dessen Schüler Hans Severus Ziegler wesentlich verantwortlich. Sie hatte das kulturelle Klima seit der Jahrhundertwende mitgeprägt und nach 1918 das Weimarer Bürgertum gegen die Moderne mobilisiert. Zu den Exponenten gehörten neben Bartels unter anderem der Architekt Paul Schultze-Naumburg, der ehemalige Theaterintendant Carl von Schirach, Vater des späteren Reichsjugendführers Baldur von Schirach, sowie Elisabeth Förster-Nietzsche. Dieses Kulturmilieu hat dem Nationalsozialismus die Bahn mitbereitet. Thomas Mann sprach im Goethejahr 1932 gar von Weimar als „Zentrale des Hitlertums".

Hieran konnte Gauleiter Sauckel nach der „Machtergreifung" erfolgreich anknüpfen. Seinen Führer an Weimar zu binden, ließ er sich einiges kosten. Deutlich wird dies im Neubau des von Hitler bevorzugten Hotels „Elephant" am Marktplatz 1938. Bleibender Ausdruck dieser engen Verbindung sollte der von Sauckel veröffentlichte Prachtband „Der Führer in Weimar" werden. Dort wird der Bogen von der „Kampfzeit" bis zu den begeisterten Empfängen des Reichskanzlers gespannt. An den Rand des Grotesken reichen dabei Bilder jubelnder Massen auf dem Marktplatz, die Hitler am 5. November 1938 mit Sprechchören wie „Lieber Führer, bitte, bitte / Lenk auf den Balkon die Schritte!" und „Lieber Führer, komm heraus / aus dem Elephantenhaus!" auf den Balkon des Hotels gerufen haben sollen. Das heutige 5-Sterne-Hotel erlangte durch Thomas Manns Roman „Lotte in Weimar" (1939), der auch auf die NS-Herrschaft anspielt, literarischen Weltruhm.

Hitlers „Lieblingsstadt" Weimar sollte darüber hinaus zum Muster für die Umgestaltung aller Gauhauptstädte im Stile der „Neuen Architektur" werden. Herzstück war das Projekt eines „Gauforums" mit Bauten für Reichsstatthalterei und Gauleitung, Parteigliederungen, Deutsche Arbeitsfront und Wehrmacht sowie einer für 20.000 Zuschauer konzipierten „Halle der Volksgemeinschaft". Dieser „Platz Adolf Hitlers" sollte zum „Zentralpunkt nationalsozialistischen Lebens" in Thüringen werden. Hitler selbst nahm großen Anteil an dem Prestigeprojekt. So gingen der

Modell des Gauforums von 1936.

Glockenturm und das Natursteinportal am Amtsgebäude des Reichsstatthalters direkt auf seine Intervention zurück. Neben den geplanten Großbauten in Berlin, München und Nürnberg kam dem Weimarer Gauforum höchste Priorität zu. Dies fand auch darin seinen Ausdruck, dass mit Hermann Giesler der profilierteste Architekt neben Albert Speer mit der Umsetzung betraut wurde.

Um diesen Ort der Machtdemonstration und Inszenierung der „Volksgemeinschaft" schaffen zu können, wurde rücksichtslos in die Stadtstruktur eingegriffen. Zwischen Altstadt und nördlichem Gründerzeitviertel verschwanden der Park vor dem Landesmuseum (Neues Museum), das Asbachtal und 139 Häuser mit etwa 1.650 Anwohnern in der Jakobsvorstadt. Nach dem ersten Spatenstich während des Thüringer Gau-Tages am 4. Juli 1936 in Anwesenheit Hitlers wälzten sich ab 1937 die riesigen Repräsentationsbauten in die harmonisch gewachsene Residenzstadt. Während Hitlers gigantische Pläne für seine Welthauptstadt „Germania" in Berlin weitgehend auf dem Papier blieben, wurde das Weimarer Projekt bis weit in den Krieg hinein größtenteils umgesetzt. Nur die Versammlungshalle und der Glockenturm kamen nicht über das Stützgerüst bzw. einen Turmstumpf hinaus. Das Weimarer Gauforum stellt so eines der wenigen weitgehend fertiggestellten Ensembles nationalsozialistischer Herrschaftsarchitektur und die einzige regionale Machtzentrale des Dritten Reiches dar.

Instrumentalisierung des kulturellen Erbes und Verfolgung der Moderne durch die NS-Diktatur gingen Hand in Hand.

In den Zusammenhang der Überhöhung Weimars zur „Muster-Gauhauptstadt" gehören auch erhebliche Investitionen in die Klassikerstätten. Das Weimarer Bildungsbürgertum konnten Fritz Sauckel und Hans Severus Ziegler dabei für ihre Ziele weiterhin bis zu einem gewissen Grad instrumentalisieren. Besonders Ziegler verkörperte seit 1933 als Staatsrat, Gau-Amtsleiter und enger Vertrauter Hitlers die neue NS-Kulturelite. Er wurde unter anderem Präsident der Deutschen Schillerstiftung und Generalintendant des Deutschen Nationaltheaters. Mit Unterstützung Hitlers, der rund ein Dutzend Aufführungen in Weimar besuchte, versuchte Ziegler das Nationaltheater zu einer führenden Spielstätte in Deutschland zu profilieren.

Auch Gauleiter Sauckel betätigte sich als Kulturpolitiker. Hierzu gehörte die Eröffnung des zweiten Erweiterungsbaus des Goethe-Nationalmuseums am 28. August 1935. Ein erster Anlauf im Goethejahr 1932 war aus finanziellen Gründen gescheitert. Museumsdirektor Hans Wahl gehörte jedoch zu den frühen Verehrern Hitlers. Ihm war es mitzuverdanken, dass der Bau unter maßgeblicher Unterstützung des „Führers" fertiggestellt werden konnte. In der NS-Propaganda wurde dies als große Kulturtat gefeiert: „Nationalsozialistischer Wille verwirklichte den viele Jahrzehnte alten Gedanken, ein biografisches Museum zu bauen, damit alle Entwicklungsepochen Goethes endlich dargestellt werden können."

Mit dem Bau einer Nietzsche-Gedächtnishalle neben dem Nietzsche-Archiv in der Villa Silberblick griffen die Nationalsozialisten eine weitere Kulturtradition auf. Dem Philosophen sollte hier als einem der Stichwortgeber der NS-Ideologie pseudoreligiös gehuldigt werden. Hitler stiftete hierfür 1934 anlässlich eines Besuchs bei Elisabeth Förster-Nietzsche 50.000 Reichsmark, 1938 wurde das Richtfest gefeiert. Mit Kriegsbeginn 1939 stagnierten die Arbeiten jedoch und wurden erst 1944 weitgehend abgeschlossen, ohne dass der klosterartige Komplex noch seiner Bestimmung übergeben werden konnte. Die Bestände des Nietzsche-Archivs gingen 1945 an das Goethe- und Schiller-Archiv.

Ein weiteres Element waren die zahlreichen Kulturveranstaltungen. Durch „Gleichschaltung" des Kulturbetriebs war hierbei die Vorherrschaft der NS-Ideologie gesichert. Sauckel förderte eine Reihe Prestigeprojekte von der „Gau-Kulturwoche" bis hin zur aufwendigen „Woche des deutschen Buches" mit dem Schirmherr Joseph Goebbels. Andererseits wurden alle „undeutschen" und „entarteten" Kunstformen demonstrativ verfolgt. Auch hierbei hatte sich die NSDAP in Weimar bereits in der „Kampfzeit" spektakulär hervorgetan. Mit dem Rückenwind breiter nationalkonservativer Kritik ließ Minister Frick 1930 handstreichartig alle Kunstwerke der Moderne aus den Staatlichen Kunstsammlungen im Schloss entfernen.

Der „Weimarer Bildersturm" war freilich nur ein Vorbote der NS-Kulturbarbarei, die in der Aktion „Entartete Kunst" 1937 gipfelte. Hierbei gehörte Hans Severus Ziegler zu den treibenden Kräften. Auf Druck von Ziegler und Sauckel wurden die Weimarer Kunstsammlungen auf regimenahe NS-Kunst ausgerichtet und die Moderne-Sammlung mit rund 460 Werken beschlagnahmt. Die „Larven- und Fratzenbilder aus der Revolutionszeit", neben der großen Münchner Ausstellung auch in Thüringen präsentiert, wurden anschließend in alle Welt verkauft oder vernichtet. 1939 kam die auf der Münchner Schau basierende Wanderausstellung „Entartete Kunst" noch einmal in Weimar zur Anschauung. Ausstellungsort war das Landesmuseum am Gauforum, das von Sauckel auch als Sitz des Reichsstatthalters genutzt wurde.

Der Zweite Weltkrieg kostete auch in Weimar große Opfer an Menschenleben und Kulturgütern.

Mit der Auslösung des Zweiten Weltkrieges am 1. September 1939 stürzte das Dritte Reich die Welt in die verheerendste

Katastrophe der Geschichte. Reichsstatthalter und Gauleiter Sauckel wurde zum Reichsverteidigungskommissar für Thüringen berufen. Mit viel Propaganda gelang es ihm zunächst, die Bevölkerung auch dank der Erfolge bis hin zum Frankreich-Feldzug 1940 aus der anfänglichen Skepsis herauszureißen. Nach dem Ende der „Blitzkriege" mit dem Überfall auf die Sowjetunion 1941 wurde es jedoch zunehmend schwerer, die „Heimatfront" zu organisieren. Mit verzweifelten Bemühungen, wie dem im September 1944 aufgestellten „Volkssturm" aller Männer von 16 bis 60 Jahren, sollte die Niederlage abgewendet werden. Noch am 15. März 1945 schärfte Sauckel seinen Funktionären ein, „defätistischen Redensarten, Erscheinungen von Feigheit und Kleinmütigkeit energisch entgegenzutreten".

Der Krieg wirkte sich rasch auch auf die Menschen in Deutschland mit Zwangswirtschaft und Einschränkungen im Alltag aus. So war sofort die Bezugsscheinpflicht eingeführt worden. Aber auch die Arbeitsbelastung sollte permanent zunehmen. Hinzu kam die Funktion Thüringens als „Berge-Gau" für kriegsbedrohte Grenzregionen. Am Kriegsende belief sich die Zahl der Evakuierten und Flüchtlinge zusammen mit Verwundeten, Kriegsgefangenen, Zwangsarbeitern und Häftlingen aus ganz Europa auf rund 800.000 – rund ein Drittel der Vorkriegsbevölkerung Thüringens. In Weimar zählte man am 1. August 1945 insgesamt 9.000 Flüchtlinge und Evakuierte bei 57.000 Einwohnern. Die Zahl der Flüchtlinge aus den deutschen Ostgebieten sollte bis 1949 sogar auf mehr als 14.000 steigen.

Schlimmste Auswirkung war der ab 1943 massiv über Thüringen hereinbrechende Luftkrieg. Die angloamerikanischen Bomberangriffe kosteten etwa 20.000 Menschen das Leben. Einige Städte, allen voran Nordhausen, Jena und Gera, wurden stark zerstört. Besonders die großen Rüstungsstandorte, wie Jena mit seinen Zeiss-Werken, mussten immer wieder gezielte Angriffe über sich ergehen lassen. Davon blieb auch Weimar nicht verschont. Allein der amerikanische Tagesangriff vom 24. August 1944 zerstörte vollständig das Gustloff-Werk II am KZ Buchenwald.

Die Alliierten bombardierten aber auch die historischen Innenstädte und Wohngebiete, um die Moral der Bevölkerung zu brechen. Symbol hierfür ist das im Februar 1945 zerstörte „Elbflorenz" Dresden. So hart traf es „Ilm-Athen" nicht, das sein Stadtbild weitgehend bewahren konnte. Dennoch waren die Schäden beträchtlich. In Sauckels „Muster-Gauhauptstadt" waren zudem, Ironie der Geschichte, nicht die Neubauten des Gauforums, sondern bedeutende Kulturstätten betroffen. Am verheerendsten wirkten die Luftangriffe vom 9. Februar und 31. März 1945. Die Nordseite des Marktes wurde völlig zerstört, Nationaltheater, Herderkirche, Goethehaus, Schillerhaus und Landesmuseum wurden teils schwer beschädigt sowie der Park an der Ilm verwüstet. Laut offizieller Statistik fielen 1.245 Einwohner dem Luftkrieg zum Opfer.

Am 1. April 1945 marschierten die Truppen der 3. US-Armee unter General George S. Patton von Westen in Thüringen ein. Die Amerikaner wurden sofort in teils erbitterte Kämpfe verwickelt, was noch zahlreiche Menschenleben kostete. Viel hing vom Verhalten der örtlichen Befehlshaber ab. In Weimar fand der Krieg am 12. April mit dem Einzug der Amerikaner sein Ende. Die 80. US-Infanteriedivision konnte die Stadt kampflos besetzen. Das verhinderte weitere erhebliche Zerstörungen, wie noch einen Tag zuvor bei der Eroberung Erfurts. Neben den Opfern in Weimar selbst hatte die Stadt laut offiziellen Angaben 1.473 Gefallene zu beklagen. Diese Zahl berücksichtigte jedoch nicht die zahlreichen Vermissten und dürfte zu niedrig sein.

VIII. DDR-Zeit und Friedliche Revolution

Mit der Kapitulation des Deutschen Reiches am 8. Mai 1945 endete der Zweite Weltkrieg in Europa. Die Macht im Land ging an die Siegermächte der Anti-Hitler-Koalition über. Deutschland wurde in vier Besatzungszonen geteilt und die Gebiete östlich von Oder/Neiße Polen und der Sowjetunion angegliedert. Hierbei kam es zu einschneidenden Gebietsreformen, die bis heute die Länderstruktur der Bundesrepublik prägen. So erfolgte auch in Thüringen 1945 der letzte Schritt zum staatlichen Zusammenschluss. Durch die Schaffung des Landes Thüringen entstand erstmals ein Staatsgebilde, das in etwa alle Gebiete des heutigen Freistaats umfasste. Zu ihm zählten nunmehr das Land Thüringen mit der Hauptstadt Weimar, der preußische Regierungsbezirk Erfurt und der Kreis Schmalkalden.

Weimar verlor im neuen, von der SED umgestalteten Land Thüringen von 1945 bis 1952 seine Hauptstadtfunktion.

Im April 1945 übernahmen zunächst die US-Truppen die Besatzungsherrschaft. Unter Führung einer amerikanischen Militärregierung arbeiteten die Verwaltungen weiter, wobei einige belastete Führungskräfte und Staatsbedienstete ausgetauscht wurden. Eine zentrale Rolle beim staatlichen Wiederaufbau Thüringens spielten ehemalige Buchenwald-Häftlinge unter Führung von Hermann Brill. Der SPD-Parlamentarier und Staatsrat der Regierung Frölich 1921/23 wurde von der Besatzungsmacht mit dem Aufbau der Landesverwaltung in Weimar beauftragt. Er wollte die Zersplitterung der Arbeiterbewegung mit einem „Bund demokratischer Sozialisten“ überwinden und strebte zugleich mit bürgerlichen Politikern einen antifaschistisch-demokratischen Neubeginn an. In Weimar berief man den Sozialdemokraten und Buchenwald-Häftling Fritz Behr zum Oberbürgermeister.

Mit dem am 3. Juli 1945 vollzogenen Besatzerwechsel kam Thüringen zur sowjetischen Besatzungszone. Die Sowjetische Militäradministration in Thüringen unter General Wassili I. Tschuikow übernahm die Hoheitsgewalt und stationierte die 8. Gardearmee im Land, die Stalingrad befreit hatte. Ihren Hauptsitz nahm die SMATh wie zuvor schon die Amerikaner in der Landeshauptstadt Weimar. Eine der größten sowjetischen Garnisonen bedeutete für Weimar bis zum Truppenabzug 1991 eine große Belastung, die erhebliche Altlasten hinterließ. Besonders die Kasernenkomplexe im Norden und der Hubschrauberflugplatz im nahen Nohra bildeten eine weitgehend abgeschottete Welt. Insgesamt waren bis zu 51.000 Sowjetsoldaten samt 5.000 Zivilangestellten und 20.000 Familienangehörigen in Thüringen stationiert.

Die gegensätzlichen Interessen der Weltmächte führten bald in die Konfrontation des Kalten Krieges. Ergebnis der Blockbildung war die doppelte Staatsgründung 1949 – der Bundesrepublik Deutschland in den Westzonen und der DDR in der SBZ. Die DDR wandelte sich zum kommunistischen Satellitenstaat der Sowjetunion, die im April 1946 aus SPD und KPD gegründete SED unter Parteichef Walter Ulbricht (1950–1971) wurde zur stalinistischen Kaderpartei. Die bürgerlichen Parteien CDU und LDPD verloren bis 1948 ihre innere Selbstständigkeit. Zusammen mit der 1948 gegründeten NDPD und DBD sowie den Massenorganisationen bildeten die Parteien bis 1989 einen „Block" unter Führung der SED, dessen Wahl nach Einheitslisten erfolgte. Landespolitiker, die dies nicht mittragen wollten, hatten wie Hermann Brill nach dem Besatzerwechsel Thüringen verlassen oder sich aus dem öffentlichen Leben zurückgezogen. Auch in der Kommunalpolitik bestimmte die SED fortan das Geschehen, wenngleich die Blockpartei CDU den Oberbürgermeister stellten durfte.

Neben diesen politischen Umwälzungen gab es für Weimar eine weitere historische Zäsur. Die seit 1920 ausgeübte Hauptstadtfunktion im Land Thüringen blieb auch nach dem Zusammenschluss mit dem preußischen Regierungsbezirk Erfurt 1945 zunächst erhalten. 1947 begann man jedoch damit, auch wegen des erheblichen Wohnungsmangels Landesbehörden in das benachbarte Erfurt zu verlegen. Nach kontroversen Debatten siedelten sich schließlich die Landesregierung 1950 und der Landtag 1951 endgültig in der größten und zentral gelegenen Stadt Thüringens an. Ministerpräsident Werner Eggerath (SED) hatte 1947 einen wesentlichen Beweggrund aus Sicht der neuen Machthaber formuliert: „Der alte Hofratsgeist geistert in Weimar noch sehr stark, und ein neues gesundes Leben kommt nicht zum Durchbruch, weil Weimar keine nennenswerte Industriearbeiterschaft hat." Damit fanden die Jahrhunderte als Residenz- und Landeshauptstadt ihr Ende.

Mit der Zerschlagung der Länder in der DDR 1952 gehörte Weimar zum Bezirk Erfurt.

Die heftig diskutierte Hauptstadtfrage sollte freilich bald hinfällig werden. Im Juli 1952 erfolgten mit der Einführung des „demokratischen Zentralismus" in der DDR die faktische Auflösung der Länder und die Teilung Thüringens in die Bezirke Erfurt, Gera und Suhl. Für die nun im Bezirk Erfurt gelegene kreisfreie Stadt Weimar wurden damit zudem die Verbindungen in den östlichen Teil des einstigen Großherzogtums mit der Universitätsstadt Jena gekappt, die nun im Bezirk Gera lag. Die „Doppelstadt" der Goethe-Zeit gehörte damit erstmals getrennten administrativen Einheiten an.

Die Zerschlagung der Länder war Teil des im Juli 1952 von Walter Ulbricht proklamierten „Aufbaus des Sozialismus", der die Sowjetisierung in Politik, Gesellschaft und Wirtschaft massiv beschleunigte. Ergebnis war der Volksaufstand gegen die SED-Herrschaft vom 17. Juni 1953. Auch in Weimar kam es zu Tumulten und Streiks, die vielfach aus Jena herüberschwappten. Die Sowjetarmee schlug den Aufstand mit militärischen Mitteln nieder, worauf ein brutales Strafgericht der DDR-Justiz erfolgte. So wurde 1955 der Weimarer Lehrer Gerhard Benkowitz in einem Schauprozess zum Tode verurteilt.

Ein Hauptproblem blieb der Massenexodus von über 2,6 Millionen DDR-Bürgern in den „Westen". Dieser bedrohliche Substanzverlust wurde mit dem Bau der Berliner Mauer am 13. August 1961 unterbunden. Die DDR schien sich unter dem neuen SED-Generalsekretär Erich Honecker (1971–1989) endgültig zu etablieren. Die „Einheit von Wirtschafts- und Sozialpolitik" zielte auf eine zufriedene Bevölkerung, die drängende Wohnungsfrage sollte mit riesigen Plattenbausiedlungen gelöst werden. Dabei veränderten die „Neubaugebiete" Weimar-Nord, Schöndorf und Weimar-West die Silhouette der harmonisch gewachsenen Residenzstadt erheblich. In der Altstadt entstand 1972 als sozialistischer Musterbau das zwölfgeschossige Studentenwohnheim am Jakobsplan („Langer Jakob").

All die ehrgeizigen Maßnahmen überstiegen freilich die ökonomischen Möglichkeiten der DDR. Die SED-Propaganda verfehlte zudem zunehmend ihre Wirkung. Dazu trugen die totalitären Züge in Staat und Gesellschaft entscheidend bei, auch wenn sich dies nicht ständig im Alltag niederschlug. Deutlichstes Symptom war der „antifaschistische Schutzwall" zur Bundesrepublik, an dem etwa 800 DDR-Bürger ums Leben kamen. Erfurt litt als DDR-Randbezirk besonders unter dem inhumanen Grenzregime. Das eisige politische Klima wurde vor 1989 verkörpert durch den als Hardliner bekannten 1. Sekretär der SED-Bezirksleitung Erfurt, Gerhard Müller. Dass Weimar als internationale Kulturstadt stets einen Oberbürgermeister aus der CDU besaß, änderte wenig an den Machtstrukturen. Auch an der Ilm verbreitete zudem das Ministerium für Staatssicherheit mit seiner Kreisdienstelle jenes Klima von Angst und Verunsicherung, das über Jahrzehnte zum Machterhalt der Partei entscheidend beitrug.

Weimar wurde von der DDR-Planwirtschaft als Industriestandort ausgebaut.

An die im Dritten Reich forcierte Industrialisierung Weimars wurde nach 1945 im Rahmen der DDR-Planwirtschaft angeknüpft. Im Norden der Stadt entwickelte sich aus dem Fritz-Sauckel-Werk mit seiner Rüstungsproduktion einer der größten Hersteller von Landmaschinen in der DDR. Nach kriegsbedingter Zerstörung und Demontage begann das Unternehmen 1946 als Sowjetische Aktiengesellschaft (SAG) zunächst mit der Instandsetzung von Waggons und der Fertigung von Gebrauchsgütern. Schwerpunkt war in der Folgezeit der Waggonbau. 1952 wurde der Betrieb in Volkseigentum unter dem Namen VEB LOWA Waggonbau Weimar überführt. 1953 begann die Umprofilierung als VEB Mähdrescherwerk Weimar, das sich auf Maschinen für die zunehmend industrialisierte Landwirtschaft der DDR spezialisierte. Bekannt waren besonders die großen Kartoffelroder aus Weimar.

1962 erfolgte die Umbenennung in VEB Weimar-Werk. Das hieraus 1970 hervorgehende Weimar-Kombinat zählte 21 Betriebe mit insgesamt etwa 11.000 Beschäftigten. 1978 wurde das Weimar-Kombinat in das neue Kombinat Fortschritt Landmaschinen eingegliedert. Das Weimar-Werk als einer der größten Kombinatsbetriebe zählte Ende der 1980er-Jahre etwa 6.400 Beschäftigte. Ein weiterer wichtiger Industriebetrieb, dessen Produkte überregionale Bedeutung besaßen, war das ebenfalls nördlich des Bahnhofs angesiedelte VEB Uhrenwerk Weimar. Es zählte Ende der 1980er-Jahre etwa 2.000 Beschäftigte. Eine republikweite Monopolstellung besaß der 1954 gegründete VEB Talsperrenbau Weimar, der alle großen Talsperren und Wasserkraftanlagen der DDR errichtete.

Auch die SED pflegte das klassische Erbe und versuchte es für sich zu nutzen.

In der DDR-Zeit spielte Weimar als prestigeträchtige Kulturstadt weiterhin eine wichtige Rolle. Schon die sowjetischen Besatzer legten 1945 großen Wert auf deren rasche Wiederbelebung. Die Pflege des klassischen Erbes wurde unter den sich wandelnden nationalpolitischen Prämissen der Ära Ulbricht und Honecker eine der Hauptaufgaben der DDR-Kulturpolitik. Zuerst diente es der verfochtenen Einheit der deutschen Nation unter sozialistischen Vorzeichen, dann als kulturelle Basis der DDR als „sozialistischer Staat der Arbeiter und Bauern". Goethes Faust avancierte geradezu zum „Nationalepos der DDR", das mit der Vision „vom freien Volk auf freiem Grunde" den Sozialismus visionär vorweggenommen habe.

Auf dem Weg dieser Erbe-Aneignung in Konkurrenz mit dem „Westen" gelangten anfangs selbst führende Vertreter Weimarer Institutionen wie der Museums- und Archivdirektor Hans Wahl erfolgreich in die „neue Zeit", obwohl sie sich in den Dienst der NS-Diktatur gestellt hatten. Später entwickelte sich eine international anerkannte wissenschaftliche Erbepflege. Viele Forschungs- und Publikationsprojekte setzten die Bemühungen seit dem „Silbernen Zeitalter" erfolgreich fort. Hierzu zählt die 1940 begonnene Schiller-Nationalausgabe, die mit dem Deutschen Literaturarchiv Marbach bis heute fortgeführt wird. Eine „Bibliothek deutscher Klassiker" popularisierte wichtige Werke. Auch die 1960 eröffnete und 1982 modernisierte Dauerausstellung im Goethe-Nationalmuseum fand trotz ihrer Bindung an das marxistische Geschichtsbild durchaus Zuspruch über die DDR hinaus.

Zunächst wurde nach dem Krieg ein beachtliches Rekonstruktionsprogramm umgesetzt. 1946 öffnete das Schiller-Haus, 1947 das Goethe-Gartenhaus im sanierten Ilmpark. 1948 konnte das Nationaltheater mit Goethes „Faust" eingeweiht werden. Ein Jahr später hielt dort Thomas Mann anlässlich Goethes 200. Geburtstages eine viel beachtete Rede, wobei gleichzeitig das Goethe-Nationalmuseum wieder seine Türen öffnete. 1955 rückte noch einmal Thomas Mann mit einer Rede im Nationaltheater anlässlich des 150. Todestages von Friedrich Schiller Weimar in den internationalen Fokus. Zum großen Stadtjubiläum 1975 erhielt das Nationaltheater seine heutige moderne Inneneinrichtung. 1988 bekam Weimar mit dem Schillermuseum neben dem historischen Schiller-Haus den einzigen Neubau eines großen Literaturmuseums in der DDR. Bis zum Ende des SED-Staates war man darüber hinaus bemüht, das respektable Aussehen der von viel internationalem Publikum besuchten Stadt zu erhalten, während viele andere DDR-Städte dem Verfall preisgegeben waren.

Einen entscheidenden Schritt bei der institutionellen Pflege des klassischen Erbes bildete die Gründung der Nationalen Forschungs- und Gedenkstätten der klassischen deutschen Literatur in Weimar im Jahr 1953. Die NFG waren direkt der DDR-Regierung zugeordnet und wurden von einem Generaldirektor geleitet (1954–1973 Helmut Holtzhauer, 1975–1982 Walter Dietze). Bis zu einem gewissen Grad konnte Weimar auch seinen Status als gesamtdeutsche Kulturmetropole bewahren. Trotz zahlreicher Zerreißproben gelang es, die Goethe-Gesellschaft vor einer Spaltung zu bewahren. Ihre großen Treffen ließen Weimar im Zeitalter der deutschen Teilung wie einst vor der Nationalstaatsgründung als „heimliche Hauptstadt Deutschlands“ erscheinen, so die „Frankfurter Allgemeine Zeitung“ 1960.

Die SED-Kulturpolitik setzte neben der Erbepflege aber auch den Ungeist der Bekämpfung unliebsamer Kulturrichtungen fort, die nicht dem Leitbild des Sozialistischen Realismus entsprachen. An der Hochschule für Baukunst und Bildende Künste Weimar, ab 1954 Hochschule für Architektur und Bauwesen Weimar, wurde das Anknüpfen an Bauhaus-Traditionen in den 1950er-Jahren als „Formalismus“ verfemt. Der expressionistische Wandfries zu den Künsten im Deutschen Nationaltheater von Hermann Kirchberger, bis zu seiner Amtsaufgabe 1951 Professor an der Hochschule, wurde 1950 abgehängt und in der Presse harsch kritisiert. Heute ist er wieder in der neuen Weimarhalle zu sehen. Erst in den 1970er-Jahren kam es zu einem entspannteren Umgang mit dem Erbe der klassischen Moderne. Hierfür steht beispielhaft die von Studenten initiierte Rekonstruktion der Fresken von Oskar Schlemmer im Van-de-Velde-Bau 1979.

Die 1958 eröffnete Gedenkstätte Buchenwald spielte im antifaschistischen „Gründungsmythos" der DDR eine zentrale Rolle.

Das Konzentrationslager Buchenwald stand neben dem klassischen Erbe Weimars voll im Fokus der Kulturpolitik. Obwohl nach 1945 der Antifaschismus als wichtigste Legitimation der SED-Herrschaft und „Gründungsmythos" der DDR diente, dauerte es aber 13 Jahre bis zur Eröffnung einer repräsentativen Gedenkstätte. Erst 1958 konnte die Nationale Mahn- und Gedenkstätte Buchenwald eingeweiht werden. Sie umfasste das Lager und den um Massengräber von Häftlingen angelegten Denkmalkomplex am Südhang des Ettersbergs mit dem 50 Meter hohen Glockenturm und der bronzenen Figurengruppe von Fritz Cremer. Hierfür musste der dort seit 1899 stehende Bismarckturm weichen. Im Lager hatte man fast alle Baracken abgetragen und nur Funktionsgebäude wie das Krematorium als Erinnerungsort für die Ermordung Ernst Thälmanns, das Lagertor und die Effektenkammer erhalten.

Die Ausstellungen betonten ebenso wie Publikationen und Veranstaltungen die entscheidende Rolle der Kommunisten für den illegalen Widerstand. Besonders herausgestellt wurde die Selbstbefreiung des Lagers am 11. April 1945, die aber nur durch die Flucht vieler SS-Männer vor den Amerikanern möglich war. Die kommunistischen Häftlinge wurden darüber hinaus zu den Vätern eines neuen besseren Deutschlands erklärt. Der „Schwur von Buchenwald" der befreiten Häftlinge vom 19. April 1945 verpflichtete zur „Vernichtung des Nazismus mit seinen Wurzeln" und zum „Aufbau einer Welt des Friedens und der Freiheit". Dies habe zu einem antifaschistisch-demokratischen Neuanfang und damit letztlich zur Gründung der DDR geführt. Die „kulturelle Hauptstadt Deutschlands" galt damit zugleich als ideeller Gründungsort des aus dem kommunistischen Widerstand hervorgegangenen sozialistischen Deutschlands.

Der lange Entstehungsprozess der Gedenkstätte erklärt sich neben den Schwankungen der SED-Geschichtspolitik aus der

Das Buchenwald-Denkmal von Fritz Cremer mit dem 50 Meter hohen Glockenturm im Hintergrund.

Nutzung des KZ als Sowjetisches Speziallager bis 1950. Nach 1945 hatte man die Entnazifizierung im sowjetisch besetzten Deutschland keineswegs konsequent umgesetzt und sie auch zur Beseitigung politischer Gegner instrumentalisiert. Ausgerechnet Buchenwald als der Symbolort der NS-Gewaltherrschaft rückte hierbei als Sowjetisches Speziallager Nr. 2 in den Mittelpunkt.

Dort internierte man von 1945 bis 1950 etwa 28.500 Menschen ohne rechtsstaatliches Verfahren, von denen mehr als 7.000 ums Leben kamen. Neben hohen Funktionären, wie Weimars Oberbürgermeister Otto Koch (1937–1945), gehörten hierzu viele Häftlinge, die keine Träger der NS-Diktatur gewesen waren. Diese „Nachnutzung“ Buchenwalds wurde in der DDR-Zeit streng tabuisiert.

Das offiziöse Bild von Buchenwald erfuhr neben der für Massenveranstaltungen, etwa den „Buchenwaldtag“ am 11. April, genutzten Gedenkstätte nicht zuletzt durch das Buch „Nackt unter Wölfen“ (1958) von Bruno Apitz eine nachhaltige Prägung. Der in 30 Sprachen übersetzte Erfolgsroman des einstigen Häftlings und Kommunisten wurde 1963 von Frank Beyer mit populären DDR-Schauspielern (Erwin Geschonneck, Armin Mueller-Stahl, Fred Delmare, Erik S. Klein, Herbert Köfer) verfilmt. Obwohl die SED in den Entstehungsprozess von Buch und Film erheblich eingegriffen hatte, konnte die Geschichte um einen von Häftlingen versteckten dreijährigen Jungen das Thema emotional in weite Teile der Bevölkerung transportieren.

Der Umgang mit dem NS-Erbe jenseits der KZ-Gedenkstätte gestaltete sich eher pragmatisch. Das Gauforum als nunmehriger Karl-Marx-Platz wurde zunächst Sitz der Sowjetischen Militäradministration, später siedelten sich hier Behörden, Hochschulen und Betriebe an. Die „Halle der Volksgemeinschaft“ wurde als Zweckbau für Handelsbetriebe fertiggestellt. All dies entsprach der Geschichtsaufarbeitung der DDR, die sich auf die Erinnerungsorte des kommunistischen Widerstands konzentrierte. Als sozialistischer Staat übertrug man die Verantwortung für das Dritte Reich an die kapitalistische Bundesrepublik, wo die gesellschaftlichen Grundlagen des Faschismus nicht beseitigt worden seien.

Die Friedliche Revolution vom Herbst 1989 erfasste auch die Kulturstadt Weimar und leitete das Ende der DDR ein.

Thüringen gehörte nicht zu den spektakulären Zentren der Friedlichen Revolution 1989. Dennoch regte sich auch hier wachsender Protest, erstmals anlässlich der gefälschten Kommunalwahlen vom 7. Mai 1989. Die Wandlungen im Ostblock, die Fluchtwelle des Sommers und die schizophrenen Feierlichkeiten zum 40. Republikgeburtstag am 7. Oktober mit schweren Ausschreitungen erzeugten eine Krisenstimmung, auf die die Parteiführung nur mit Polemik und Hilflosigkeit reagierte. All dies führte zur Entstehung einer breiten Bürgerbewegung und neuer Parteien. Daneben gehörten auch die Blockparteien zu den Akteuren der „Wende". Dem „Brief aus Weimar" vom 10. September 1989, unterzeichnet unter anderem von der späteren Ministerpräsidentin Christine Lieberknecht, wird eine wichtige Signalwirkung für die Demokratisierung der Ost-CDU beigemessen.

Traditioneller Gegenpol zum SED-Staat war die Kirche. Eine besondere Bedeutung kam der evangelischen Kirche im „Kernland der Reformation" zu. Sie übernahm eine zentrale Rolle als Handlungsträger und Obdach nichtkirchlicher Oppositionsgruppen. In Weimar gab es eine aktive und kritische Kirchengemeinschaft. Dies wurde etwa deutlich, als man den Superintendenten Hans Reder im Januar 1989 auf Druck des Gemeindekirchenrats absetzte. Reder hatte im Dezember 1988 bei einer „Kirchenbesetzung" durch Ausreisewillige das Kirchenasyl verweigert und die Polizei informiert. Der Pfarrer Erich Kranz gehörte zu den Ersten, die die gefälschten Kommunalwahlen vom 7. Mai 1989 kritisierten.

Erstmals führte das Friedensgebet in der Herderkirche am 4. Oktober unter dem Motto „Suchet der Stadt Bestes" Tausende Besucher zusammen. Sie unterstützten einen Offenen Brief an den Rat des Bezirks, der zum Dialog über Menschenrechte, Ökologie und Alltagsprobleme aufrief. Am 9. Oktober verfolgte man gespannt die Leipziger „Montagsdemo" mit ihren 70.000 friedlichen Demonstranten. Die Rufe „Wir sind das Volk!" rüttelten das ganze Land auf. In Weimar begannen am 24. Oktober „Dienstagsdemos“ mit bis zu 15.000 Teilnehmern. In Bürgerdialogen konfrontierte man die Machthaber mit kritischen Fragen.

Nachdem am 18. Oktober Erich Honecker zurückgetreten war, folgte am 2. November SED-Bezirkschef Müller. In Weimar trat mit Volkhardt Germer ein SED-Mitglied an die Spitze der Stadt, während Oberbürgermeister Gerhard Baumgärtel (CDU) in die letzte SED-geführte Regierung Hans Modrow wechselte. Germer führte die Stadt bis Juni 1990 durch die Wendezeit und wurde 1994 als Parteiloser noch einmal zum Oberbürgermeister gewählt. Auch die letzte Bastion der alten Mächte, die „Stasi“, wurde von mutigen Bürgern gestürmt. Erfurt erlebte mit der Besetzung der ersten MfS-Bezirksverwaltung am 4. Dezember ein Signalereignis, dem am Tag darauf die Besetzung der Weimarer Kreisdienststelle in der Cranachstraße folgte.

Der Mauerfall vom 9. November 1989 symbolisiert schließlich den Umbruch hin zur deutschen Wiedervereinigung. Auf den „Dienstagsdemos“ tauchten jetzt schwarz-rot-goldene Fahnen auf, lautstark wurde „Deutschland, einig Vaterland“ gefordert. Aktionen wie die Veranstaltung am 19. November auf dem Theaterplatz „Freiheit – Gleichheit – Brüderlichkeit“ sollten dagegen verhindern, dass „der begonnene aufrechte Gang der DDR-Bürger im Reise- und Kaufrausch untergeht“, so der Weimarer Pfarrer Christoph Victor. Hierfür plädierte auch der im Neuen Forum engagierte Schriftsteller Wulf Kirsten.

Die Hoffnungen auf D-Mark und „blühende Landschaften“ in einem vereinten Deutschland, wie sie Bundeskanzler Helmut Kohl (CDU) versprach, gewannen jedoch die Oberhand. Die Volkskammerwahl am 18. März 1990 brachte einen klaren Sieg der „Allianz für Deutschland“ aus CDU, DSU und Demokratischem Aufbruch mit fast absoluter Mehrheit von 48,1 Prozent. Er ließ die letzte DDR-Regierung unter Lothar de Maizière (CDU) in Richtung schnelle Einheit steuern. Das Wahlergebnis hatte in seiner Deutlichkeit viele überrascht. Die „Allianz“ erreichte im Bezirk Erfurt sogar 60,7 Prozent, in Weimar immerhin noch überdurchschnittliche 49,8 Prozent.

IX. Kulturhauptstadt und UNESCO-Welterbe

Weimar seit 1990

Die deutsche Wiedervereinigung führte auch zur Renaissance des Landes Thüringen. Mit dem Vollzug der Einheit am 3. Oktober 1990 konstituierte es sich als Bundesland aus den drei Bezirken Erfurt, Gera und Suhl. Hierbei gelangten die zum Bezirk Leipzig gehörenden Kreise Schmölln und Altenburg sowie das zu Halle gehörige Artern zum südwestlichen der „neuen" Länder. Mit 16.171 Quadratkilometern Fläche und 2,6 Millionen Einwohnern rangierte es unter den 16 Ländern der Bundesrepublik an 11. bzw. 10. Stelle. Mit der Verfassung von 1993 nannte sich das Land in Anknüpfung an 1920 Freistaat Thüringen. Die ersten Jahre nach 1990 waren vom Aufbau teils völlig neuer Strukturen von der Landesebene bis hinunter zu den Kommunen gekennzeichnet. Dies bedeutete auch für die Bewohner eine oft tiefgreifende biografische Zäsur.

1991 unterlag Weimar Erfurt in der Wahl zur Landeshauptstadt Thüringens, wurde aber Sitz des Landesverwaltungsamts.

Im Zuge der „inneren" Landesgründung Thüringens galt es nicht zuletzt die Hauptstadtfrage zu beantworten. Weimar meldete hierbei als erste Landeshauptstadt von 1920 ernsthafte Ambitionen an, wenngleich zuletzt Erfurt bis 1952 diese Funktion ausgeübt hatte. Schon der Politisch-Beratende Ausschuss zur Landesgründung hatte sich für Erfurt als größte Stadt im Zentrum des Landes ausgesprochen. Auch die im Oktober 1990 gewählte Landesregierung nahm dort ihren Sitz. Aber erst die Entscheidung des Landtages sollte die Frage endgültig klären. Es bewarben sich Erfurt, Weimar, Jena, Gera und Nordhausen. Der „Wahlkampf" spitzte sich rasch auf ein Duell zwischen Erfurt und Weimar zu. Hoffnung machte unter anderem die Konstituierung des Landtages am 25. Oktober 1990 im Nationaltheater. Mit der Abstimmung vom 10. Januar 1991 wurde jedoch Erfurt zum Sitz des Thüringer Landtages und zur Landeshauptstadt erklärt.

Mit dieser Wahlniederlage verlor Weimar gegenüber der Zeit als Landeshauptstadt „Kleinthüringens" von 1920 bis 1933 und als NS-Gauhauptstadt von 1933 bis 1945 landespolitisch an Bedeutung. Dafür wurde das 1990 gegründete Thüringer Landesverwaltungsamt als Mittelbehörde des Freistaates an der Ilm angesiedelt. Es ist innerhalb des dreistufigen Verwaltungsaufbaus das Bindeglied zwischen der kommunalen Basis und der Landesregierung mit ihren Ministerien. Da das relativ kleine Thüringen keine Regierungsbezirke gebildet hat, ist das Landesverwaltungsamt für das gesamte Landesgebiet zuständig.

Die politische Landschaft Thüringens wurde nach 1990 lange von der CDU geprägt, der bis heute stärksten Partei im Landtag. Nach einer ersten Koalitionsregierung von CDU und FDP (1990–1994), einer großen Koalition von CDU und SPD (1994–1999), zwei CDU-Alleinregierungen (1999–2009) und einer erneuten großen Koalition (2009–2014) wird das Land seit 2014 erstmals von einer rot-rot-grünen Regierung unter Leitung der Linken geführt.

Die Friedliche Revolution führte auch zur Demokratisierung der Kommunalpolitik in Weimar. Dabei verzeichnet der Stadtrat eine vergleichsweise kontinuierliche Entwicklung. Stärkste Partei war in allen Wahlen die CDU, gefolgt von der SPD und der Linken, deren Kräfteverteilung mehrfach schwankte. Überdurchschnittlich schnitten die Grünen ab, die FDP schaffte dreimal den Sprung ins Rathaus. Seit 2004 bildet das „weimarwerk bürgerbündnis" eine beachtliche Fraktion. 1990 erstmals wieder frei gewählter Oberbürgermeister wurde Klaus Büttner (CDU). Von 1994 bis 2006 folgte ihm der einstige SED-OB der Wendezeit Volkhardt Germer als Parteiloser im Amt. Seit 2006 steht Stefan Wolf (SPD) an der Spitze der Kommune.

Die Wirtschaft Weimars machte ähnliche Probleme wie viele DDR-Städte durch, konnte sich aber erfolgreich im Dienstleistungs- und Tourismusbereich profilieren.

Die ökonomische Entwicklung nach 1990 wurde stark vom Zusammenbruch der DDR-Planwirtschaft geprägt. Viele Städte und Regionen erlebten einen durchgreifenden Prozess der Deindustrialisierung. Wenige leistungsfähige industrielle Kerne, wie die optische Industrie in Jena, und neue mittelständische Unternehmen konnten den Arbeitsplatzverlust nicht ausgleichen. In Weimar steht hierfür beispielhaft der Untergang des Weimar-Werks mit seinen Tausenden Mitarbeitern. Es trat 1990 aus dem Kombinat Fortschritt Landmaschinen aus und wurde von der Treuhandgesellschaft in mehrere selbstständige Betriebe aufgeteilt. Von diesen konnte sich jedoch keiner nachhaltig am Markt behaupten. Das gleiche Schicksal ereilten das Uhrenwerk und eine Reihe weiterer DDR-Betriebe.

Das produzierende Gewerbe stellt so nur noch gut 10 Prozent der Beschäftigten. Zu den wenigen größeren Neuansiedlungen gehörte 1991 das Coca-Cola-Werk, das an den Getränkehersteller „Limona" anknüpfte. 2017 beschloss der Großkonzern jedoch die Schließung seines Weimarer Standortes. Andererseits wurde der Dienstleistungssektor gestärkt, der heute fast 90 Prozent der Arbeitsplätze stellt. Parallel erneuerte man die Infrastruktur. Die vielbefahrene Bundesstraße 4 von Erfurt nach Jena erhielt eine Umgehungsstraße, deren westlicher Teil bis zur B 85 nach Buttelstedt fertiggestellt ist. Auf die Komplettierung in östlicher Richtung wird von vielen Anwohnern sehnlich gewartet. Öffentliche Gebäude und Wohngebiete wurden saniert, die Altstadt erstrahlt in neuem Glanz. Dabei wurden auch letzte kriegsbedingte Lücken geschlossen, etwa die nördliche Häuserzeile am Markt.

Der insgesamt positive Verlauf spiegelt sich in der demografischen Entwicklung. Weimar gehört neben den mitteldeutschen Metropolen Leipzig, Dresden, Erfurt und Jena zu den wenigen Städten Ostdeutschlands, die vom teils erheblichen Bevölkerungsschwund verschont geblieben sind. 2015 zählte Weimar mit rund 64.000 Einwohnern sogar mehr Bürger als 1988 mit 63.000. Allerdings trugen hierzu auch die Eingemeindungen der heutigen Ortsteile Gaberndorf, Gelmeroda, Legefeld, Niedergrunstedt, Possendorf, Süßenborn, Taubach und Tröbsdorf im Zuge der Gebietsreform Thüringens im Jahr 1994 bei.

Die Erhebung zum UNESCO-Weltkulturerbe 1996/98 und zur Kulturhauptstadt Europas 1999 trugen wesentlich zur internationalen Profilierung Weimars bei.

Weimar kam also bei den Umbrüchen nach 1990 vergleichsweise glimpflich davon. Vieles wurde zudem abgefedert durch die große kulturelle Bedeutung der Stadt. Die 1990er-Jahre erscheinen fast wie ein „Goldenes Zeitalter" der Erinnerungskultur. Die UNESCO erhob Weimar 1996/98 mit seinen Bauhaus- und Klassikstätten zum Weltkulturerbe. 1999 präsentierte es sich als Kulturhauptstadt Europas. Verbunden hiermit war die umfassende Sanierung der Stadt, die in vielen anderen Orten zumindest nicht in dieser Schnelligkeit möglich war. Damit konnte sich Weimar auch auf dem Tourismusmarkt im vereinten Deutschland und Europa nachhaltig etablieren. Zugleich zieht es wieder kulturaffine Neubürger an, die mit für die positive demografische Entwicklung sorgen.

1996 gelangten zunächst die Bauhaus-Stätten auf die UNESCO-Weltkulturerbeliste: der Van-de-Velde-Bau als Gründungsort, der kleine Van-de-Velde-Bau (Kunstgewerbeschule), das Haus am Horn, das Bauhaus.Atelier als ehemalige Mensa und die Keramische Werkstatt in Dornburg. 1998 folgte das „Klassische Weimar": Goethes Wohnhaus, Schillers Wohnhaus, Wittumspalais,

Herzogin-Anna-Amalia-Bibliothek, Stadtschloss, Stadtkirche mit Herderhaus und Altem Gymnasium, Fürstengruft mit Historischem Friedhof, Park an der Ilm mit Römischem Haus, Goethes Gartenhaus und Garten, Schlosspark Belvedere mit Schloss und Orangerie, Schloss und Schlosspark Tiefurt und Ettersburg. 2001 nahm man Goethes Nachlass im Goethe- und Schiller-Archiv in das „Gedächtnis der Menschheit" auf, 2015 erklärte man zwei Luther-Drucke der Herzogin-Anna-Amalia-Bibliothek zum Weltdokumentenerbe.

1993 fällte der Kulturrat der Europäischen Union eine weitere wegweisende Entscheidung: Weimar sollte 1999 „Kulturstadt Europas" werden. Hierum hatte sich die Stadt unter OB Klaus Büttner intensiv beworben, wobei das Kulturerbe mit dem 250. Geburtstag Goethes im Mittelpunkt stand. Prägende Persönlichkeit war der Kulturmanager Bernd Kauffmann. Der Präsident der Stiftung Weimarer Klassik wurde beurlaubt, um als Generalbeauftragter für „Weimar 1999" die Vorbereitungen für das Großereignis zu leiten. Rund 1.000 Veranstaltungen lockten stolze sieben Millionen Gäste in die Stadt.

Für internationale Schlagzeilen sorgte die Ausstellung „Aufstieg und Fall der Moderne". Neben einer Schau über die Traditionen der Moderne im Schlossmuseum wurde in der unsanierten Mehrzweckhalle am Gauforum Kunst aus dem Dritten Reich und der DDR ausgestellt. Nicht nur viele DDR-Künstler sahen hierin und in der Art der Präsentation eine Verunglimpfung. Auch wurde moniert, dass Kauffmann zu sehr auf elitäre Künstler von außerhalb und einen flüchtigen Eventcharakter gesetzt habe. So manche heftige Diskussion, etwa um das 1998 vom Stadtrat gestoppte Stelen-Projekt Daniel Burens auf dem Rollplatz, erinnerte an ähnliche Konflikte in früheren Epochen der Weimarer Kulturgeschichte.

Ein nachhaltiger Beitrag war auf jeden Fall die Renaissance des im Krieg zerstörten einstigen Großherzoglichen Museums bzw. Landesmuseums. Zum Jahreswechsel 1998/99 öffnete es nach aufwendiger Rekonstruktion feierlich als Neues Museum mit

Die 1999 eingeweihte Neue Weimarhalle bietet der Kultur- und Kongressstadt beste Rahmenbedingungen.

Werken der internationalen Avantgarde aus der Sammlung Paul Maenz. Seit deren Abzug 2004 zeigt das Museum die verbliebenen Exponate und Sonderausstellungen. Die Weimarhalle sollte ebenfalls eine Sanierung erfahren, musste aber wegen baulicher Mängel angerissen werden. An ihrer Stelle bietet das 1999 eingeweihte „congress centrum neue weimarhalle" beste Rahmenbedingungen für Tagungen, Veranstaltungen und Konzerte einschließlich eines großen Saals für 2.000 Besucher.

Besonders aufwendig gestaltete sich 1999 auch das Kunstfest Weimar. Dieses war 1990 als eine der ersten deutsch-deutschen Kulturinitiativen gegründet worden. Es präsentiert jährlich im Spätsommer ein spartenübergreifendes Programm. Das Kunstfest Weimar ist Thüringens renommiertestes Festival für zeitgenössisches Theater, Musik, Tanz und bildende Kunst. Es hat dabei seinen Charakter mehrfach gewandelt. Von 1990 bis 1992 war es dem Wirken berühmter Weimarer Persönlichkeiten gewidmet, von 1993 bis 2001 stand das Kunstfest unter der Regie von Bernd Kauffmann, 2004 bis 2013 folgte die Ära Nike Wagner. Die Liszt-Kennerin definierte das Festival unter dem Namen „pèlerinages" (Pilgerfahrt) in erster Linie als Musikfest.

Die Klassik Stiftung Weimar ist seit 1991 als eine der größten deutschen Kulturstiftungen der Hauptträger der Erbepflege.

Nach der Friedlichen Revolution wurde auch die institutionelle Erbepflege auf eine neue Basis gestellt. 1991 ging aus den Nationalen Forschungs- und Gedenkstätten die Stiftung Weimarer Klassik hervor, getragen vom Bund, dem Freistaat Thüringen und der Stadt Weimar. Nach ihrem Zusammenschluss mit den Kunstsammlungen zu Weimar 2003 erhielt sie 2006 den prägnanten Namen Klassik Stiftung Weimar. Sie wird geleitet von einem Präsidenten (1990–1992 Lothar Ehrlich, 1992–2001 Bernd Kauffmann und seit 2001 Hellmut Th. Seemann). Die KSW ist heute eine der größten Kulturstiftungen Deutschlands, die für ein einzigartiges Ensemble von Kulturdenkmalen verantwortlich zeichnet. Hierzu gehören mehr als 20 Museen, Schlösser, historische Gebäude und Parks, darunter die UNESCO-Welterbestätten, sowie die Literatur- und Kunstsammlungen.

2008 wurde der Masterplan „Kosmos Weimar" aufgelegt. Hauptprojekte sind die Entwicklung des Residenzschlosses zum Zentrum der KSW und ein neues Bauhaus-Museum. Die Schwerpunkte der Stiftung spiegeln das kulturhistorische Profil Weimars: die Weimarer Klassik, ihre Nachwirkungen in der Kunst und Kultur des 19. Jahrhunderts sowie die Moderne mit Franz Liszt, Friedrich Nietzsche, Henry van de Velde und dem Bauhaus. Dies soll auch einen „Brückenschlag zu den Künsten und Wissenschaften der Gegenwart" bieten und „Raum für Fragen aus dem Geist der Tradition öffnen". Mit den ihr anvertrauten Kulturgütern möchte die Stiftung „ein in Deutschland und der Welt wirksames Zentrum der Kultur, der Wissenschaft und der Bildung" sein.

Im Mittelpunkt standen zunächst die Sanierung und Neukonzeption. So bekam das Goethe-Nationalmuseum als Flaggschiff der Klassik-Museen bereits zweimal eine neue Dauerausstellung. Im Kulturstadtjahr 1999 eröffnete die Schau „Wiederholte Spiegelungen – Weimarer Klassik 1759–1832", die die Epoche vorstellte.

Die Herzogin-Anna-Amalia-Bibliothek erstrahlt nach dem verheerenden Brand von 2004 wieder in neuem Glanz.

2012 folgte die heutige Ausstellung „Lebensfluten – Tatensturm", die sich stärker Goethes Leben und Werk widmet. Das Wohnhaus mit angrenzendem großen Garten wurde grundhaft saniert.

Eine Sanierung und Erweiterung erfuhr auch die Herzogin-Anna-Amalia-Bibliothek – freilich aus wenig erfreulichem Anlass. Der Brand dieses bibliophilen Schatzhauses am 2. September 2004 sorgte weltweit für Bestürzung und Solidarität. Im Bibliotheksgebäude wurden die oberen Stockwerke mit unersetzlichen Büchern und Kunstwerken zerstört, darunter mehr als zwei Fünftel der Drucke bis 1850. Große Teile der Sammlung sind freilich erhalten geblieben, wozu mittelalterliche Handschriften, Globen und Landkarten sowie die größte Faust-Sammlung gehören. Zudem erstand die im 300. Gründungsjahr 1991 nach der Begründerin des „Goldenen Zeitalters" benannte Bibliothek buchstäblich wie Phönix aus der Asche. 2006 konnte das neue Studienzentrum mit dem beeindruckenden „Bücher-Kubus" fertiggestellt werden, 2007 folgte das historische Gebäude mit dem Rokokosaal. Der Bestand umfasst heute eine Million Bände, darunter etwa 200.000 aus der Zeit vor 1850. Die Einrichtung versteht sich als Forschungsbibliothek für Literatur- und Kulturgeschichte mit Schwerpunkt um 1800.

Eine spektakuläre Sanierung erfuhr ebenso das Goethe- und Schiller-Archiv. Als „Schublade im Sockel der alten Kommode" bekam das bedeutendste deutsche Literaturarchiv 2012 eine unterirdische Erweiterung, die sich durch die Stützmauer am Hang zur Ilm hin öffnet. Es verbindet so modernste Technik mit dem Geist des „Silbernen Zeitalters". Auch die meisten übrigen Museen, Schlösser, Gärten und Parks der Stiftung in und um Weimar wurden mit Millionenaufwand saniert und konzeptionell auf die Höhe der Zeit gebracht.

Große Impulse verspricht man sich vom neuen Bauhaus-Museum, das im 100. Jubiläumsjahr 2019 eingeweiht werden soll. Die Weimarer Bauhaus-Sammlung ist seit 1995 provisorisch in der Kunsthalle am Theaterplatz untergebracht, die das klassizistische Kulissenhaus einbezieht. Sie umfasst rund 13.000 Objekte und gilt nach der Sammlung im Bauhaus-Archiv Berlin als die bedeutendste weltweit. Herausragende Exponate sind die Gemälde von Lyonel Feininger und Paul Klee, die Wiege von Peter Keler, die Tischlampe von Wilhelm Wagenfeld und die Teekannen von Theodor Bogler.

Die Sammlung soll im neuen Bauhaus-Museum am Rande des Weimarhallenparks präsentiert werden. Aus einem internationalen Architekturwettbewerb ging 2012 der Entwurf „eines geometrisch klaren Körpers als starker Solitär" im Geiste des Bauhauses als Sieger hervor. Der „Kosmos Weimar" erhält damit einen zugkräftigen Gegenpol zum Residenzschloss und den Klassikerstätten. Darüber hinaus entsteht in spannungsreicher Nachbarschaft zum Gauforum ein ganzes Museumsquartier. Im Neuen Museum sollen ab 2019 die Wegbereiter des Bauhauses von der Weimarer Malerschule bis zu Henry van de Velde Platz finden. Im Gauforum soll an die

NS-Geschichte und den hier organisierten Zwangsarbeitereinsatz erinnert werden.

Jubiläen und Gedenktage spielen in der Erinnerungskultur Weimars schon immer eine große Rolle. Unter den jüngeren Würdigungen ragten neben Goethe und Schiller die für Cranach, Bach, Anna Amalia, Carl August, Henry van de Velde, das Bauhaus und die Weimarer Republik sowie die Thüringer Landesausstellungen zu Franz Liszt 2011 und den Ernestinern 2016 heraus. Das 500. Reformationsjubiläum 2017 rückte die Reformationszeit stärker ins Rampenlicht. Hierfür wurde unter anderem die Herderkirche samt Cranach-Altar aufwendig saniert. 2019 wird neben dem Bauhaus auch die Nationalversammlung im Fokus stehen. Hierfür entsteht am Theaterplatz im bisherigen Bauhaus-Museum ein „Haus der Weimarer Republik“. Das Stadtmuseum präsentiert seit 2014 die Ausstellung „Demokratie aus Weimar“.

Weimar stellt sich heute offen und differenziert seiner exponierten Rolle im Nationalsozialismus.

Besonders im Vorfeld des Kulturjahres 1999 hat sich Weimar auch dem Erbe als „Muster-Gauhauptstadt“ differenziert geöffnet. Die Tendenz, die Klassikerstadt hiermit nicht über das Nötigste hinaus zu belasten, wurde korrigiert. Die Janusköpfigkeit der Stadt, in der sich die Höhen der deutschen Kultur mit den Abgründen nationalsozialistischer Barbarei wie an keinem anderem Ort verbinden, tritt seither klar vor Augen. Hierfür steht der Blick über die Dächer der Altstadt hinauf zum Ettersberg mit dem Glockenturm der Gedenkstätte Buchenwald. Die 1999 eingeweihte „Zeitschneise“, ein Waldweg vom ehemaligen Lager zum Schloss Ettersburg, verbindet den NS-Terrorort symbolisch mit der UNESCO-Welterbestätte der Klassik.

Auch institutionell kam es nach 1990 zu Veränderungen. Aus der staatlichen Nationalen Mahn- und Gedenkstätte Buchenwald wurde die Stiftung Gedenkstätten Buchenwald und Mittelbau-

Dora. Die ideologische Konzentration auf den kommunistischen Widerstand wurde korrigiert. Die Neukonzeption unter Federführung von Gedenkstättenleiter Volkhard Knigge war von heftigen öffentlichen Diskussionen der Opfergruppen begleitet. Heute informiert die Gedenkstätte, auch mit einem breiten pädagogischen Angebot, über die Geschichte des Konzentrationslagers, des Sowjetischen Speziallagers und der Gedenkstätte selbst.

Die Besucherzahlen von jährlich mehr als einer halben Million unterstreichen die Bedeutung als Erinnerungs- und Lernort zum Terror der NS-Diktatur in Deutschland. Hochrangige Gäste, wie 2009 US-Präsident Barack Obama, dessen Großonkel zu den Befreiern der thüringischen Konzentrationslager gehörte, rücken die Einrichtung immer wieder in den Blickpunkt. Diskussionen, die sich an Themen wie dem Selbstbefreiungsmythos oder der Rolle der kommunistischen Funktionshäftlinge („rote Kapos") entzündeten, geben der Geschichtsaufarbeitung wichtige Impulse. Auch der für die Erinnerung an das Lager prägende Roman „Nackt unter Wölfen" ist keineswegs in Vergessenheit geraten. 2012 erschien eine Neuausgabe mit der ursprünglichen Textfassung, 2015 erfolgte eine Neuverfilmung.

Während das einstige KZ eine vorbildliche Aufarbeitung gefunden hat, gestaltet sich dies bei den übrigen NS-Hinterlassenschaften weitaus schwieriger. Allen voran das Gauforum erweist sich als sperriges Erbe im wahrsten Wortsinne. Nach der Friedlichen Revolution 1989/90 brachte die Stadt Weimar den einst als NS-Machtzentrale konzipierten Komplex im Wettstreit um den Status als Landeshauptstadt ins Spiel. Heute residiert hier das Thüringer Landesverwaltungsamt, während an der Stelle der „Halle der Volksgemeinschaft" das Weimar-Atrium zum Shoppen und Freizeitspaß einlädt. Auf die Geschichte des Ortes macht eine Ausstellung im Turmgebäude aufmerksam. 2017 hat man dem Quartier neue Namen verliehen. Das Gauforum, zwischenzeitlich Weimarplatz, firmiert nun als Jorge-Semprún-Platz, benannt nach dem eng mit Weimar verbundenen spanischen Schriftsteller und Buchenwald-Häftling. An dem Platz vorbei führt die Harry-Graf-Kessler-Straße.

Renommierte Hochschulen und Bildungseinrichtungen schärfen das Profil der Kulturstadt Weimar.

Das Gesicht der Kulturstadt wird heute auch von ihren beiden Hochschulen bestimmt. Die renommierte Hochschule für Musik „Franz Liszt" steht für die große Musiktradition. Das „Fürstenhaus" als Hauptsitz sowie geschichtsträchtige Gebäude wie das Franziskanerkloster, die Altenburg und die Kaserne in der Leibnizallee wurden umfassend saniert. Das Musikgymnasium am Schloss Belvedere hat sich ebenfalls zu einer angesehenen Einrichtung entwickelt und erhielt einen modernen Neubau. Aus der Hochschule für Architektur und Bauwesen wurde 1996 die Bauhaus-Universität. Dies steht für das Anknüpfen an die prominente Vorgängereinrichtung, wozu nicht zuletzt die neue Fakultät Kunst und Gestaltung beiträgt. Neben dem Van-de-Velde-Bau als Hauptsitz wurden viele Gebäude saniert und eine moderne Universitätsbibliothek wurde auf dem Brauereigelände nahe dem Frauenplan errichtet. Das Haus am Horn konnte von der Universität öffentlich zugänglich gemacht werden.

Wie so vieles andere angestoßen vom Kulturstadtjahr 1999 wurde auch die Europäische Jugendbildungs- und Begegnungsstätte Weimar – eine von zahlreichen Einrichtungen und Initiativen, die junge Menschen aus aller Welt in der ebenso traditions- wie spannungsreichen Kulturstadt zusammenbringen. Die private Thuringia International School Weimar bietet englischsprachige Schulbildung mit internationalen Abschlüssen. Sie ist die einzige derartige Einrichtung in Thüringen.

Die Kulturstadt Weimar darf hoffnungsvoll in die Zukunft schauen.

Die Stadt Weimar blickt also nicht nur auf eine große Geschichte zurück, sondern darf auch hoffnungsvoll in die Zukunft schauen. Ihr Charakter als Kulturstadt mit Welterbestatus ist nachhaltig verankert. Die Klassik Stiftung pflegt die wichtigsten Traditionen auf hohem Niveau, die Buchenwald-Stiftung ermöglicht dies für den Erinnerungsort der NS-Diktatur, das Stadtmuseum im Bertuch-Haus, die Kunsthalle „Harry Graf Kessler“ und das Stadtarchiv mit seinen bis ins 14. Jahrhundert datierenden Beständen werfen Schlaglichter auf die reiche Stadt(kultur)geschichte. Hinzu kommen das Deutsche Nationaltheater, zwei kulturnahe Hochschulen und viele weitere kreative Einrichtungen. Der Kulturstadtvertrag mit dem Freistaat Thüringen hat die Stellung Weimars 2017 auf eine festere Grundlage gestellt. Hierbei gilt es auch, „Ilm-Athen“ etwa mit dem jährlichen Kunstfest im zeitgenössischen Kulturleben ambitioniert zu verankern.

Der wirtschaftliche Umbruch nach 1990 verlief vergleichsweise glimpflich, ein demografischer Schrumpfungsprozess konnte vermieden werden. Neben dem Dienstleistungssektor spielt heute der Kulturtourismus in all seinen Facetten eine zentrale Rolle. Zahlreiche neue und sanierte Herbergen vom 5-Sterne-Traditionshotel „Elephant“ bis hin zum preiswerten Hostel empfangen Gäste aus aller Welt. Für Zugkraft sorgen auch lebendige Traditionen wie der Weimarer Zwiebelmarkt im Oktober, das größte Volksfest Thüringens. Nicht zuletzt diese Mischung aus Weltkultur und thüringischer Lebensart mit Klößen und Rostbratwurst macht einen Weimar-Besuch jährlich für viele Menschen zum unvergesslichen Erlebnis.

Anhang

Literatur

Detlef Altenburg (Hg.): *Franz Liszt. Ein Europäer in Weimar.* Weimar 2011.

Dagmar Blaha/Frank Boblenz/Volker Wahl (Hg.): *Von der Kunstschule zum Bauhaus. Spezialrepertorium zu den Archivbeständen der Kunstlehranstalten in Weimar.* Weimar 2008.

Franziska Bomski/Hellmut Th. Seemann/Thorsten Valk (Hg.): *Die Erfindung des Klassischen. Winckelmann-Lektüren in Weimar.* Göttingen 2017.

Volker C. Dörr: *Weimarer Klassik.* Paderborn 2007.

Michael Dreyer/Andreas Braune (Hg.): *Weimar als Herausforderung. Die Weimarer Republik und die Demokratie im 21. Jahrhundert.* Stuttgart 2016.

Sigrid Dušek (Hg.): *Archäologische Denkmale in Thüringen: Weimar und Umgebung. Von der Urgeschichte bis zum Mittelalter.* Weimar 2001.

Volker Ebersbach: *Carl August von Sachsen-Weimar-Eisenach. Goethes Herzog und Freund.* Köln/Weimar/Wien 1998.

Lothar Ehrlich/Jürgen John (Hg.): *Weimar 1930. Politik und Kultur im Vorfeld der NS-Diktatur.* Köln/Weimar/Wien 1998.

Lothar Ehrlich/Jürgen John (Hg.): *Das Dritte Weimar. Klassik und Kultur im Nationalsozialismus.* Köln/Weimar/Wien 1999.

Lothar Ehrlich/Gunther Mai (Hg.): *Weimarer Klassik in der Ära Ulbricht.* Köln/Weimar/Wien 2000.

Lothar Ehrlich/Gunther Mai (Hg.): *Weimarer Klassik in der Ära Honecker.* Köln/Weimar/Wien 2001.

Lothar Ehrlich/Justus H. Ulbricht (Hg.): *Carl Alexander von Sachsen-Weimar-Eisenach. Erbe, Mäzen und Politiker.* Köln/Weimar/Wien 2004.

Lothar Ehrlich/Georg Schmidt (Hg.): *Ereignis Weimar-Jena. Gesellschaft und Kultur um 1800 im internationalen Kontext.* Köln/Weimar/Wien 2008.

Friedegund Freitag/Karin Kolb (Hg.): *Die Ernestiner. Eine Dynastie prägt Europa.* Dresden 2016.

Jochen Golz/Justus H. Ulbricht (Hg.): *Goethe in Gesellschaft. Zur Geschichte einer literarischen Vereinigung vom Kaiserreich bis zum geteilten Deutschland.* Köln/Weimar/Wien 2005.

Gitta Günther/Lothar Wallraf (Hg.): *Geschichte der Stadt Weimar.* Weimar 1976.

Gitta Günther/Wolfram Huschke/Walter Steiner (Hg.): *Weimar. Lexikon zur Stadtgeschichte.* Weimar 1993.

Christian Hain: *Das Falksche Institut in Weimar. Fürsorge und Geschlecht im 19. Jahrhundert.* Köln/Weimar/Wien 2015.

Wolfgang Holler/Gudrun Püschel/Bettina Werche (Hg.): *Lebensfluten – Tatensturm. Die Ausstellung im Goethe-Nationalmuseum.* Weimar 2012.

Wolfram Huschke: *Zukunft Musik. Eine Geschichte der Hochschule für Musik FRANZ LISZT Weimar.* Köln/Weimar/Wien 2006.

Wolfram Huschke: *Franz Liszt. Wirken und Wirkungen in Weimar.* Weimar 2010.

Detlef Jena: *Carl Friedrich (1783–1853). Großherzog von Sachsen-Weimar-Eisenach.* Regensburg 2013.

Jürgen John/Volker Wahl (Hg.): *Zwischen Konvention und Avantgarde. Doppelstadt Jena-Weimar.* Weimar/Köln/Wien 1995.

Holm Kirsten: *„Weimar im Banne des Führers“. Die Besuche Adolf Hitlers 1925–1940.* Köln/Weimar/Wien 2001.

Volkhard Knigge/Michael Löffelsender/Rikola-Gunnar Lüttgenau/Harry Stein: *Buchenwald. Ausgrenzung und Gewalt 1937 bis 1945.* Göttingen 2016.

Volker Mauersberger: *Hitler in Weimar. Der Fall einer deutschen Kulturstadt.* Berlin 1999.

Peter Merseburger: *Mythos Weimar. Zwischen Geist und Macht.* München 2013.

Rainer Müller: *Denkmaltopographie Bundesrepublik Deutschland – Kulturdenkmale in Thüringen (Bd. 4).* Altenburg 2010.

Susanne Müller-Wolff: *Ein Landschaftsgarten im Ilmpark. Die Geschichte des herzoglichen Gartens in Weimar.* Köln/Weimar/Wien 2007.

Norbert Oellers/Robert Steegers: *Weimar. Literatur und Leben zur Zeit Goethes.* Stuttgart 2009.

Bernhard Post/Dietrich Werner: *Herrscher in der Zeitenwende. Wilhelm Ernst von Sachsen-Weimar-Eisenach 1876–1923.* Jena 2006.

Angelika Pöthe: *Carl Alexander. Mäzen in Weimars „Silberner Zeit“.* Köln/Weimar/Wien 1998.

Angelika Pöthe: *Fin de siècle in Weimar. Moderne und Antimoderne 1885 bis 1918.* Köln/Weimar/Wien 2011.

Steffen Rassloff: *Geschichte Thüringens.* München 2010.

Steffen Rassloff: *Der „Mustergau“. Thüringen zur Zeit des Nationalsozialismus.* München 2015.

Steffen Rassloff: *Mitteldeutsche Geschichte. Sachsen – Sachsen-Anhalt – Thüringen.* Leipzig 2016.

Steffen Rassloff/Mark Schmidt (Hg.): *Orte der Reformation – Weimar.* Leipzig 2015.

Bodo Ritscher/Rikola-Gunnar Lüttgenau/Gabriele Hammermann/Wolfgang Röll/Christian Schölzel (Hg.): *Das sowjetische Speziallager Nr. 2 1945–1950.* Göttingen 1999.

Alf Rössner (Hg.): *Demokratie aus Weimar. Die Nationalversammlung 1919.* Weimar 2015.

Jens Schley: *Nachbar Buchenwald. Die Stadt Weimar und ihr Konzentrationslager 1937–1945.* Köln/Weimar/Wien 1999.

Albrecht Schultz: *Vom Grafensitz zur Kulturhauptstadt. Eine Geschichte Weimars.* Weimar 2014.

Anette Seemann: *Anna Amalia. Herzogin von Weimar.* Frankfurt 2007.

Annette Seemann: *Weimar. Eine Kulturgeschichte.* München 2012.

Hellmut Th. Seemann (Hg.): *Anna Amalia, Carl August und das Ereignis Weimar.* Göttingen 2007.

Hellmut Th. Seemann/Thorsten Valk (Hg.): *Das Zeitalter der Enkel. Kulturpolitik und Klassikrezeption unter Carl Alexander.* Göttingen 2010.

Christopher Spehr/Michael Haspel/Wolfgang Holler (Hg.): *Weimar und die Reformation. Luthers Obrigkeitslehre und ihre Wirkungen.* Leipzig 2016.

Justus H. Ulbricht (Hg.): *Klassikerstadt und Nationalsozialismus. Kultur und Politik in Weimar 1933 bis 1945.* Weimar 2000.

Justus H. Ulbricht (Hg.): *Weimar 1919. Chancen einer Republik.* Köln/Weimar/Wien 2009.

Justus H. Ulbricht: *Wilhelm Ernst von Sachsen-Weimar-Eisenach. Landesherr – Monarch – Mäzen.* Wiesbaden 2017.

Christoph Victor: *Oktoberfrühling. Die Wende in Weimar.* Weimar 1992.

Volker Wahl (Hg.): *Weimar-Jena. Die große Stadt (Zeitschrift).* Jahrgang 1–10, Weimar 2008–2017.

Christiane Wolf/Justus H. Ulbricht/Norbert Korrek: *Vergegenständlichte Erinnerung. Das Gauforum in Weimar.* Weimar 2001.

Bildnachweis

S. 4 Alexander Raßloff; S. 7 („GoetheAndSchillerMonumentAtWeimar.png" von Leonard G. und Lebensgefährtin Anita J. – Eigenes Werk der Lebensgefährtin – Lizenziert unter Public Domain über Wikimedia Commons); S. 11 („Museum für Ur- und Frühgeschichte Thüringens (Westansicht).jpg" von Most Curious – Eigenes Werk – Lizenziert unter CC BY-SA 3.0 über Wikimedia Commons); S. 16 B. Stefan; S. 22 Hartmut Ulle, Thüringer Wappenbuch, Herausgegeben v. d. Arbeitsgemeinschaft Genealogie Thüringen (AGT), Erfurt 1994; S. 33 („Weimar Herderplatz Stadtkirche Herderdenkmal 2.jpg" von NoRud – Eigenes Werk – Lizenziert unter CC BY-SA 4.0 über Wikimedia Commons); S. 45 (Matthäus Merian d.Ä.); S. 53 („030430-goethehaus.jpg" von Owron – Eigenes Werk – Lizenziert unter GFDL oder CC-BY-SA-3.0 über Wikimedia Commons); S. 64 („Römisches Haus im Park an der Ilm (Weimar).jpg" von © R.Möhler – Lizenziert unter CC BY-SA 3.0 über Wikimedia Commons); S. 67 („Weimar Goethes Gartenhaus.jpg" von Mazbln – Eigenes Werk – Lizenziert unter GFDL, CC-BY-SA-3.0 über Wikimedia Commons); S. 76 („Schloss Belvedere Weimar.jpg" von StapelChips – Eigenes Werk – Lizenziert unter CC BY-SA 3.0 über Wikimedia Commons); S. 81 („Schloss Weimar - Panorama. jpg" von Maros M r a z (Maros) – Eigenes Werk – Lizenziert unter CC BY-SA 3.0 über Wikimedia Commons); S. 88 („Liszt-Denkmal Weimar-Park.JPG" von JosefLehmkuhl – Eigenes Werk – Lizenziert unter Public Domain über Wikimedia Commons); S. 95 https://commons.wikimedia.org/wiki/File:Weimar_City_hall.jpg; S. 101 („Bundesarchiv Bild 146-1978-042-11, Weimar, Vereidigung Reichspräsident Ebert.jpg" – Bundesarchiv, Bild 146-1978-042-11 von Sennecke, Robert – Lizenziert unter CC-BY-SA 3.0 de über Wikimedia Commons); S. 104 („Bauhaus weimar.jpg" von Ralf Herrmann – Lizenziert unter CC BY-SA 2.0 de über Wikimedia Commons); S. 107 („Haus am Horn, Weimar (Westansicht).jpg" von Most Curious – Eigenes Werk – Lizenziert unter CC BY-SA 3.0 über Wikimedia Commons); S. 120 Landesarchiv Thüringen - Hauptstaatsarchiv Weimar, „Der Führer in Weimar 1925–1938", 1938; S. 126 („Buchenwald--KZ-Tor.jpg" von Andreas Trepte – Eigenes Werk – Lizenziert unter CC BY-SA 2.5 über Wikimedia Commons); S. 130 Landesarchiv Thüringen - Hauptstaatsarchiv Weimar, „Der Führer in Weimar 1925-1938", 1938; S. 143 („Buchenwald, Denkmal v. Prof.Cremers 002.jpg" von Bybbisch94-Christian Gebhardt – Eigenes Werk – Lizenziert unter CC BY-SA 4.0 über Wikimedia Commons); S. 152 („Weimarhalle, Parkseite.jpg" von

Maik Schuck (weimar GmbH) – Lizenziert unter CC BY-SA 3.0 de über Wikimedia Commons); S. 154 („Anna amalia bib weimar.jpg" von Rudolf Klein – Lizenziert unter CC BY-SA 3.0 de über Wikimedia Commons)

Abkürzungen

CDU	Christlich-Demokratische Union Deutschlands
DBD	Demokratische Bauernpartei Deutschlands
DDP	Deutsche Demokratische Partei
DDR	Deutsche Demokratische Republik
DVP	Deutsche Volkspartei
DNVP	Deutschnationale Volkspartei
DSU	Deutsche Soziale Union
KPD	Kommunistische Partei Deutschlands
KSW	Klassik Stiftung Weimar
LDPD	Liberal-Demokratische Partei Deutschlands
MfS	Ministerium für Staatssicherheit
NDPD	National-Demokratische Partei Deutschlands
NFG	Nationale Forschungs- und Gedenkstätten der klassischen deutschen Literatur in Weimar
NSDAP	Nationalsozialistische Deutsche Arbeiterpartei
SA	Sturmabteilung
SBZ	Sowjetische Besatzungszone
SED	Sozialistische Einheitspartei Deutschlands
SPD	Sozialdemokratische Partei Deutschlands
UNESCO	United Nations Educational, Scientific and Cultural Organization
USPD	Unabhängige Sozialdemokratische Partei Deutschlands
VEB	Volkseigener Betrieb

Personenregister

A

Josef Albers ► 107
Albrecht III. ► 30
Albrecht der Bär ► 20 f.
Alexander I. ► 71
Amalaberga ► 15
Anna Amalia ► 8, 41, 43, 49 ff., 151 ff.
Bruno Apitz ► 144
Arnulf von Kärnten ► 21
Karl Astel ► 119, 124

B

Carl Philipp Emanuel Bach ► 48
Wilhelm Friedemann Bach ► 48
Johann Sebastian Bach ► 9, 47 f., 156
Balthasar von Wettin ► 28
Adolf Bartels ► 128 f.
Otto Bartning ► 109
August Baudert ► 95 f., 98 ff., 106, 113
Erwin Baum ► 116 f.
Gerhard Baumgärtel ► 146
Max Beckmann ► 110
Fritz Behr ► 136
Friedrich Justin Bertuch ► 60, 65, 105, 109
Frank Beyer ► 144
Otto von Bismarck ► 78
Léon Blum ► 127
Arnold Böcklin ► 85
Andreas Bodenstein, genannt Karlstadt ► 36
Theodor Bogler ► 155
Hermann Böhlau ► 94
Martin Bormann ► 119
Rudolf Breitscheid ► 127
Clemens Brentano ► 51, 66
Hermann Brill ► ► 124, 135 f.
Georg Büchner ► 82
Daniel Buren ► 151
Johann Burkhardt ► 35
Klaus Büttner ► 148, 151

C

Johannes Capistrano ► 28
Carl Alexander ► 77 ff., 103
Carl August ► 24, 47, 49 ff., 70 ff., 156
Carl Friedrich ► 77 ff.
Caroline von Reuß ► 103
Clemens Wenzeslaus Coudray ► 65
Lovis Corinth ► 104
Lucas Cranach der Ältere ► 8, 25, 43 f., 110, 156
Lucas Cranach der Jüngere ► 8, 43 f., 110, 156
Fritz Cremer ► 142 f.

D

Édouard Daladier ► 127
Karl Theodor von Dalberg ► 62

Eduard David ▸ 101
Fred Delmare ▸ 144
Walter Dietze ▸ 141
Artur Dinter ▸ 113
Louis Döllstädt ▸ 96
Martin Donndorf ▸ 115
Gustav Droysen ▸ 78

E
Friedrich Ebert ▸ 98 ff.
Peter Eckermann ▸ 62
Werner Eggerath ▸ 137
Lothar Ehrlich ▸ ▸ 153
Elisabeth von Thüringen ▸ 81
Friedrich Wilhelm von Erdmannsdorff ▸ 63
Ernst ▸ 30
Ernst II. ▸ 62
Ernst August I. ▸ 42, 45 f.
Ernst August II. Constantin ▸ 49 f.
Bruno Eyermann ▸ 48

F
Johannes Daniel Falk ▸ 80
August Heinrich Hoffmann von Fallerleben ▸ 75, 87
Konstantin Fehrenbach ▸ 100
Lyonel Feininger ▸ 107, 110, 155
Gottlieb Fichte ▸ 66
Florentina von Oberweimar ▸ 27
Elisabeth Förster-Nietzsche ▸ 90, 104, 129, 131 f.
Gustav Freytag ▸ 82
Wilhelm Frick ▸ ▸ 116 f., 132
Caspar David Friedrich ▸ 110
Friedrich der Weise ▸ 30 ff.
Friedrich der Große ▸ 50
Friedrich August I. ▸ 73
Friedrich Ferdinand Constantin ▸ 64
Jakob Friedrich Fries ▸ 75
August Frölich ▸ 114, 135

G
Hanns Gasser ▸ 84
Heinrich Gentz ▸ 65
Ernst Christian August von Gersdorff ▸ 75
Georg von Sachsen ▸ 37
Volkhardt Germer ▸ 146, 148
Erwin Geschonneck ▸ 144
Hermann Giesler ▸ 130
Luise von Göchhausen ▸ 62
Joseph Goebbels ▸ 132
Christiane Goethe (geb. Vulpius) ▸ 25, 61, 72
Johann Wolfgang von Goethe ▸ 7, 12, 47, 49 ff., 70 ff., 110, 131, 140 f., 150 ff.
Walther von Goethe ▸ 82 f.
Johannes Grau ▸ 34
Walter Gropius ▸ 106 ff., 121
Andreas Gryphius ▸ 46
Hans F.K. Günther ▸ 116
Wilhelm Gustloff ▸ 121 ff.

H
Theodor Hagen ► 85
Hermann Hahn ► 89
Friedrich Hebbel ► 82
Georg Wilhelm Friedrich Hegel ► 66
Heinrich I. ► 19
Heinrich Heine ► 80
Johann Gottfried Herder ► 49 ff., 156
Hermann I. ► 21
Hermann II. ► 27
Hermann VIII. ► 28
Herminafrid ► 15, 17
Adolf Hitler ► 8, 111 ff.
Helmut Holtzhauer ► 141
Erich Honecker ► 138, 146
Christoph Wilhelm Hufeland ► 68
Alexander von Humboldt ► 60
Wilhelm von Humboldt ► 60

I
Johannes Itten ► 107

J
Jean Paul ► 51
Johann der Beständige ► 30 ff., 42, 125
Johann Ernst ► 47
Johann Friedrich der Großmütige ► 30 ff., 42
Johann Friedrich II. ► 40
Johann Wilhelm ► 40
Joseph II. ► 54

K
Wassily Kandinsky ► 107, 110
Wolfgang Kapp ► 113
Karl der Große ► 17, 19
Karl V. ► 39
Bernd Kauffmann ► 151 ff.
Peter Keler ► 155
Harry Graf Kessler ► 90, 97, 102 ff., 157
Georg Dietrich Kieser ► 75
Hermann Kirchberger ► 141
Wulf Kirsten ► 146
Paul Klee ► 107, 110, 155
Erik S. Klein ► 144
Heinrich von Kleist ► 51
Max Klinger ► 90, 104
Volkhard Knigge ► 157
Karl Koch ► 127
Otto Koch ► 144
Herbert Köfer ► 144
Helmut Kohl ► 146
Wilhelm Köhler ► 110
Konrad III. ► 20
August Korff ► 52
August von Kotzebue ► 56, 76
Erich Kranz ► 145
Georg Melchior Kraus ► 61, 72
Gottfried Heinrich Krohne ► 44 f.

L
Walter Leistikow ► 104

Franz von Lenbach ▸ 85
Leopold III. Friedrich Franz ▸ 63 f.
Richard Leutheußer ▸ 114
Alfred Lichtwark ▸ 104
Christine Lieberknecht ▸ 145
Max Liebermann ▸ 104
Franz Liszt ▸ 8, 27, 82, 85 ff., 152, 158
Walter Loeb ▸ 114
Friedrich von Logau ▸ 46
Heinrich Luden ▸ 75
Ludwig III. ▸ 21
Ludwig XIV. ▸ 46, 69
Ludwig von Anhalt ▸ 46 f.
Luise Dorothea von Sachsen-Gotha-Altenburg ▸ 62, 70
Lukardis von Oberweimar ▸ 27
Martin Luther ▸ 8, 27, 31 ff., 81, 125
Walther von Lüttwitz ▸ 113

M

Paul Maenz ▸ 152
Georg Maercker ▸ 100
Lothar de Maizière ▸ 146
Thomas Mann ▸ 129, 140
Franz Marc ▸ 110
Maria Pawlowna ▸ 71, 80 ff.
Willy Marschler ▸ 119
Karl Marx ▸ 144
Heinrich Meyer ▸ 61
Hans Modrow ▸ 146
László Moholy-Nagy ▸ 107
Moritz von Sachsen ▸ 39
Karl Philipp Moritz ▸ 56
Georg Muche ▸ 108
Walther Felix Mueller ▸ 115
Armin Mueller-Stahl ▸ 144
Gerhard Müller ▸ 138, 146
Thomas Müntzer ▸ 36 f.
Johann Karl Musäus ▸ 25

N

Napoleon I. ▸ 68 ff.
Georg Neumark ▸ 47
Friedrich Nietzsche ▸ 8, 82, 89 f., 131 f.
Novalis (Friedrich von Hardenberg) ▸ 66

O

Barack Obama ▸ 157
Walter Oehme ▸ 100
Lorenz Oken ▸ 75
Hans Olde ▸ 105
Martin Opitz ▸ 46
Otto der Große ▸ 19
Otto III. ▸ 20

P

Karl Pabst ▸ 96
George S. Patton ▸ 134
Philipp von Hessen ▸ 37, 39
Hermann Pister ▸ 127
Friedrich Preller der Ältere ▸ ▸ 89

Hermann von Pückler-Muskau ► 85

R
Radegunde ► 17
Wolfgang Ratke ► 41
Hans Reder ► 145
Fritz Reuter ► 82
Paul Reynaud ► 127
Ernst Rietschel ► 83
Robespierre ► 69
Auguste Rodin ► 105, 110
Christian Rohlfs ► 85
Eduard Rosenthal ► 114

S
Karl Ludwig Sand ► 76
Fritz Sauckel ► 23, 116 ff.
Carolyne von Sayn-Wittgenstein ► 27, 85 f.
Friedrich Wilhelm Schelling ► 66
Friedrich von Schiller ► 7, 49 ff., 110, 131, 140 f., 150 ff.
Baldur von Schirach ► 129
Carl von Schirach ► 129
August Wilhelm Schlegel ► 66
Friedrich Schlegel ► 66
Oskar Schlemmer ► 107, 141
Paul Schneider ► 124
Corona Schröter ► 61
Paul Schultze-Naumburg ► 116, 129
Hellmut Th. Seemann ► 153
Jorge Semprún ► 157
William Shakespeare ► 85
Siegfried von Ballenstedt ► 20
Siegfried II. ► 20
Max Slevogt ► 104
Georg Spalatin ► 35
Albert Speer ► 130
Germaine de Staël ► 24, 68
Wolfgang Stein ► 33 f.
Charlotte von Stein ► 61 f.
Kaspar Stieler ► 47
Sophie von Oranien-Nassau ► 80 ff., 104

T
Ernst Thälmann ► 127, 142
Theoderich der Große ► ► 15
Ludwig Tieck ► ► 66
Johann Heinrich Wilhelm Tischbein ► 110
Wassili I. Tschuikow ► 136

U
Walter Ulbricht ► 136 f.

V
Henry van de Velde ► 90, 97, 102 ff., 141, 150, 158
Christoph Victor ► 146
Christian August Vulpius ► 12
Felix Vulpius ► 83

W
Wilhelm Wagenfeld ► 155

Hans Wahl ► 131, 140
Nike Wagner ► 152
Richard Wagner ► 86 f.
Anton von Werner ► 103
Johann Heinrich Wichern ► 80
Christoph Martin Wieland ► 49 ff., 84
Ernst von Wildenbruch ► 89
Wilhelm I. ► 78
Wilhelm II. ► 103
Wilhelm III. ► 28
Wilhelm IV. ► 41 ff.
Wilhelm Ernst (Hzg.) ► 41, 45, 48
Wilhelm Ernst (Ghzg.) ► 81, 97 ff.
Johann Joachim Winckelmann ► 55 f.
Hermann Wislicenius ► 89
Stefan Wolf ► 149
Oskar von Wydenbrugk ► 77

Z

Rudolf Zapfe ► 105
Carl Zeiss ► 93
Philipp von Zesen ► 46
Hans Severus Ziegler ► 119, 129 ff.

Buchhinweise

Geschichte der Stadt Erfurt

Steffen Raßloff

978-3-95400-044-9
12,95 €

Buchhinweise

Dichtergräber in Thüringen
Unter jedem Grabstein eine Literaturgeschichte

Jürgen Paasch

978-3-95400-274-0
19,99 €

Buchhinweise

Malerisches Thüringen
Eine Liebeserklärung in Aquarellen

Jürgen Valdeig, Steffen Raßloff

978-3-95400-885-8 | 20,00 €

Weitere Bücher aus Ihrer Thüringen finden Sie unter:
www.suttonverlag.de